公共管理及管理创新研究

于 礼 著

中国建材工业出版社
北 京

图书在版编目（CIP）数据

公共管理及管理创新研究/于礼著. --北京：中国建材工业出版社，2023.11
ISBN 978-7-5160-3915-1

Ⅰ. ①公... Ⅱ. ①于... Ⅲ. ①公共管理 -研究 Ⅳ. ①D035-0

中国国家版本馆 CIP 数据核字（2023）第 222321 号

公共管理及管理创新研究
Gonggong Guanli ji Guanli Chuangxin Yanjiu
于　礼　　著

出版发行：中国建材工业出版社
地　　址：北京市海淀区三里河路 1 号
邮　　编：100044
经　　销：全国各地新华书店
印　　刷：北京传奇佳彩数码印刷有限公司
开　　本：787mm×1092mm　1/16
印　　张：10
字　　数：132 千字
版　　次：2024 年 5 月第 1 版
印　　次：2024 年 5 月第 1 次
定　　价：59.80 元

本社网址：www.jccbs.com，微信公众号：zgjcgycbs

前言

公共管理作为现代管理科学四大分支之一，是当代中国和未来世界最具有发展潜力及广阔前途的学科。

在全球化和信息化产生深刻影响的当今社会，随着国际竞争的日益加剧以及公民权利意识的增强，如何进一步发挥公共组织在我国社会建设中的作用、提高公共服务的质量和效率、实现公共管理的现代化，是摆在国人面前现实而又紧迫的问题。在新时代，人们的生活水平、生活方式和生活追求都发生了巨大变化，需求层次逐步提升，需求构成更加丰富，对生活质量提出了更高要求。这就需要不断完善公共服务体系，以适应现代化的经济体系和创新体系，同时更好地满足或适应公众的生活需要和现代化生活方式。在了解和认识公共管理学知识体系的基础上，结合我国公共管理的具体环境，深入分析面临的现实任务，并创造性地借鉴发达国家公共管理的先进经验和行之有效的方法与技术来帮助我们解决问题，愈加显得重要而迫切。而在大数据广泛应用的背景下，公共管理的各项工作需要顺应时代发展潮流，相关部门需要积极应用大数据来促进公共管理工作水平的提高，从而保证公共管理工作的进一步优化，以促进社会可持续发展。

本书是公共管理方向的著作，主要研究公共管理及管理创新，本书从公共管理基础介绍入手，针对公共管理的基础知识与公共管理能力进行了分析研究；另外对公共管理的资源配置、公共组织战略管理、公共财政管理做了一定的介绍；旨在摸索出一条适合公共管理工作创新的科学道路，帮助其工作者在应用中少走弯路，运用科学方法，提高效率。对公共管理的应用创新有一定的借鉴意义。

在写作本书的过程中，作者参考了大量文献资料，在此向涉及的专家、学者表示衷心的感谢。另外，由于时间仓促，加之作者水平不足，本书尚存在一些疏漏之处，敬请读者朋友批评指正。

目录

第一章　公共管理与公共管理学

第一节　公共管理的概念及特性

一、公共管理的概念

“公共管理”（Public Management）一词产生于20世纪20年代。

作为一门全新的社会治理模式，“公共管理”的概念具有三重含义：其一，是公共部门中的管理；其二，是服务于公共事务的管理；其三，是具有公共性质的组织及其成员对社会的管理。一般认为，公共管理是指政府等多元社会治理力量通过整合社会资源和战略性地运用治理手段，对与公共利益实现相关的广泛的社会事务的管理，其目标是促进社会发展和实现社会公平，保障全体社会成员共享社会发展的成就。

从历史的角度看，公共管理是人类社会治理发展到20世纪后期所出现的一种新型社会治理方式，是政治、法律和管理进步的最新成就，代表了社会治理的制度、方式和行为模式的最新文明典范。对公共管理的概念进行分析，可以看到：

第一，公共管理主体是一切从事和参与社会治理活动的组织和个人的总和，或者说，一切不以营利为目的而围绕着社会事务开展活动的组织及其成员都属于公共管理主体的范畴。现代社会的治理活动都是以组织为载体或基本单位展开的，因此在组织的意义上来审视公共管理活动，政府已经不能垄断社会治理，而是需要与多元化的社会治理力量一起开展合作治理。所以，公共管理主体是多元化和多样化的，是包括政府与非政府组织、官僚制组织与任务型组织以及所有这些组织之间的合作网络。

第二，公共管理的目标是一个具有多层次结构的目标体系，表现为提高社会治理活动的效率、促进社会发展和保证全体社会成员共享社会发展的成就。为了实现这些目标，一切公共管理主体都需要在注重社会公平的前提下提高效率，不断地改善提供公共服务的能力，注重绩效和服务品质。对于政府而言，要把重心放在基本公共服务均等化供给上；对于非政府组织以及其他社会自治力量来说，应当在其所活动的区域（或领域）内积极开展治理活动，及时地把存在于社会中的各种利益诉求传递给政府。无论是政府还是非政府组织以及其他社会治理力量，在公共管理过程中都需要以积极的态度去自觉地完善公共服务的合作关系。

第三，公共管理的途径是多样的，概括地说，主要由管理途径、政治途径和法律政策途径构成。近代以来的社会治理过程由于追求专业化，往往把三种途径隔离开来，由不同的部门或机构着重运用其中的一种。20 世纪后期以来，社会的复杂性和不确定性迅速增长，几乎所有具有新的历史特征的公共事务都需要发挥战略性、前瞻性，综合运用这三种途径来加以处理。所以，科学管理、合作治理和依法行政将成为公共管理途径的最为基本的三个方面。当然，在具体的公共管理过程中，公共管理的途径会呈现出多样化的特征，也要求公共管理者自觉地进行方式方法上的创新。

第四，公共管理系统是一个由多元社会治理力量构成的，以合作关系为纽带的和以提供公共服务为目标的统一体。近代以来，虽然政治民主作为政府开展社会治理的基本环境已经被建构起来，但是公民权利的行使主要被限制在政治途径之中，具体的社会治理过程依然呈现出政府垄断的特征。公共管理产生于 20 世纪后期，非政府组织以及各种各样的社会自治力量迅速成长，冲击了政府垄断社会治理的格局，促使政府类型正在悄然地从“管理”转变为“服务”。所以，公共管理系统体现为服务型政府与非政府组织等社会治理力量共同构成的结构体系，在相当长的一个历史阶段中，服务型政府将会处在体系的中心地位，但是多元治理力量之间的互动也会不断增强。

与“公共”一词相对应的是“私人”这样一个概念，因而当人们使用“公共管理”的时候，实际上是对应于“私人管理”来表达的。一般来说，营利性组织中的管理都可以被看作私人管理。这类管理主要集中在组织内部，它虽然也有对组织外的人和事的管理要求，但那是属于环境管理的范畴，在根本上是从属于组织自身的管理需要的，即通过组织自身的管理而实现利益的最大化。公共管理则不同：首先，公共管理不以营利为目的。当然，在日常生活领域中也会存在着一定程度上的管理问题，比如，有人在管理的意义上处理家庭事务，而且也是非营利性质的。但是，这种管理是不具有公共管理中的公共理性内容的。其次，公共管理由公共管理组织内部的行政管理和外部的社会管理两个部分构成。公共管理要求把社会管理放在中心位置上，让组织自身的管理从属于社会管理的要求。最后，公共管理担负着健全社会的责任。这是公共管理与私人管理以及日常生活管理的最根本的区别，也是它与以往任何一种社会治理方式的不同之处。私人组织的管理（如企业管理等）只求组织自身的完善，即通过组织自身的完善去提高竞争力；日常生活的管理（如家庭管理等）也不在直接的意义上关注社会的运行状况。从历史角度看，农业社会的社会治理即使造就了所谓“盛世”，也是服务于巩固统治的目的的；近代资产阶级政府的社会治理则是服务于占支配地位的阶级和利益集团的。公共管理则致力于在促进社会发展的过程中去化解一切社会矛盾和解决一切问题，通过公共服务的供给去促进社会和谐，通过依法治理去营造安定祥和的社会生活环境，通过广泛的公众参与去了解和实现各个方面的利益诉求，通过落实基本公共服务的均等化去保证社会公平与社会发展同步实现。

公共管理是社会治理的一种新的类型。从历史的角度来看，农业社会的社会治理是建立在等级身份差序的基础上的，是依靠权力而进行的治理，服务于等级统治的要求，因而可以称为统治型社会治理。经历了工业革命和启蒙运动，欧洲进入了工业社会。工业社会的治理是建立在法律的基础上的，特别是政治与管理的分化，使具体的社会治理更多地具有管理的特征，因而工业社会的社会治理通常被看作是管理型社会治理。20 世纪后期，随着后工业化进程的启动，工业社会所形成的治理模式开始逐渐显示出与社会的发展不相适应的状况，公共管理就是在这种条件下产生的。在性质上，公共管理属于服务型社会治理；在治理方式上，公共管理是由多元社会治理力量在服务精神导向下的合作治理。

当然，公共管理作为一种治理模式才刚刚登上人类社会治理的历史舞台，它所应有的许多特征尚未充分地显现出来，因而关于公共管理的认识也存在着很大的分歧。考虑到它产生于人类从工业社会向后工业社会转型的运动之中，因而它的过渡性色彩是难以避免的，它会带有工业社会治理模式的诸多特征。人们往往在工业社会治理模式的框架下去认识它，试图用旧的理论去解释它，按照既有的方式去建构它和应用它。但是随着时间的推移，公共管理将会逐渐褪去工业社会治理体系的色彩。这一“褪色”的过程实际上是公共管理逐渐成熟的过程，它不仅会继承工业社会治理模式中的一切积极成就，而且会重新检视已经被工业社会治理方式所否定了的那些农业社会治理模式中的积极成就，会对它们进行重新改造并消化吸收。

二、公共管理的创新性

在公共管理出现之前，公共行政是基本的社会治理方式。公共管理的创新性在于：它从公共行政中转变而来，并将最终实现对公共行政的全面替代。

公共行政的起点是近代社会，是在行政的统治职能和管理职能的此消彼长中出现的。政府职能主要体现在保护个人财产、维护社会秩序和国防安全等方面。

公共行政是具有历史性的。在农业社会的王朝治理中，行政管理问题也是客观存在的，但是那时的行政是一种统治行政，是从属于统治的需要和服务于统治阶级的利益的，而且这种行政在治理体系的自我管理和对社会的管理方面是没有得到分化的，治理体系自身的管理是权力发挥作用的过程，而对社会的管理也同样是权力发挥作用的过程。到了近代，随着资产阶级革命取得成功，建立起了现代政府，而且根据启蒙思想家们的制度设计方案，对国家机构进行了“分权制衡”的规划，结果所建立起来的政府只是国家的行政机构，是专司行政管理职能的部门。这说明，现代政府的行政是国家各项职能分化的结果，行政职能是与国家的立法职能和司法职能相并列的三大职能之一。但是，在几个世纪的时期内，现代意义上的公共行政都未出现。因为虽然通过资产阶级革命建立起了现代政府，但它一直处于统治职能与管理职能此消彼长的过程中，而且政治与行政之间的边界并未得到清晰的厘定，行政还不可能作为一个专门的管理技术领域被对待。公共行政作为管理型社会治理模式中的一个范式，它的产生和系统化建构是以公务员制度的建立为起点的。

对于社会治理的进步而言，20 世纪可以看作是公共行政得到迅速发展的世纪，关于行政改革的每一项举措，都是公共行政体系及其过程发展的积极步骤。在某种意义上，公共行政的实践形态是由无数个关于行政的法案和无数项行政改革措施建构起来的，而最能够准确描述公共行政发展轨迹的则是它的理论形态，当然这些理论形态具体映射在 20 世纪以来发生的多场公共行政运动之中。

新公共管理运动的主张以及它在行政改革过程中的做法都表明，它是一场具有过渡性的改革运动，它在性质上属于公共行政的范畴，同时又表现出对公共行政传统路线的背离。首先，它对公共行政的基本框架造成了实质性的挑战，不是让公共行政通过恢复政治价值去结束“价值中立”，而是要用企业家精神去对传统公共行政和新公共行政做出双重否定；其次，在它的“以私补公”“民营化”策略中，包含着促进非政府组织等社会治理主体生成的动力；最后，它关于在政府中引进竞争机制的做法否定了官僚制组织的分工一协作关系。在此意义上，新公共管理运动发挥出了终结公共行政的作用。换而言之，在公共管理兴起的过程中，新公共管理运动发挥了重要的催化作用。但是，这种催化作用不能被过度地解读，更不能将新公共管理运动简单地等同于公共管理。公共管理是一种新型的社会治理模式，对它的建构需要秉持一种客观的、开放的历史关怀，绝不能因为对属于“公共行政”治理范式的“新公共管理运动”的过度解读，从而给公共管理的成长以及公共管理学的学科建构平添烦恼。

在社会治理模式的意义上，公共管理的“新”本质上体现为对公共行政的扬弃和替代，但是这种扬弃和替代的过程却可以直接归因于社会治理生态的变化。随着社会的发展进步，社会自我治理的要求也变得越来越强烈，非政府组织等社会治理力量的迅速成长，也使政府一元化的社会治理格局发生了根本性变化。这些新的变动，对公共行政所代表的社会治理模式形成了冲击，进而开启了新的社会治理模式产生的历程。公共管理就是这种新的社会治理模式。

公共管理的出现意味着作为工业社会治理模式典型代表的公共行政的终结，但是并不意味着公共行政问题的完全消失。

其一，公共管理是一种多元治理力量以合作的方式开展社会治理的模式，使得原先的行政管理与社会管理的分化和分离进程发生逆转，开始走向融合和统一。公共管理主体在建构和融入公共管理合作体系中都必须面临合作体系内部的行政管理问题，而且就它们作为公共管理主体而言，其行政无一例外地都应当是“公共行政”，都具有公共性。但是，这种公共行政不再专属于政府，而是属于所有公共管理主体；这种公共行政是一种具有实质公共性的行政，是一切公共管理主体根据公共服务以及合作治理的需要而建立起来的公共行政，是公共服务以及合作治理的实现途径。

其二，公共管理范畴中的公共行政从属于合作治理的需要，以合作行政的形式出现。官僚制组织中的以及由官僚制组织所承担的公共行政是以分工协作的形式出现的，在价值中立的前提下，它主要从属于科学的规定，不断通过技术创新去提高行政效率和功能。公共管理中的公共行政不仅继承了这种科学化、技术化追求的传统，而且更加注重合作行动中所需要的价值支持因素，特别是要求合作者之间确立起信任关系以及合作者进行自我道德建构，以此不断地提升和促进合作体系和行动结构的优化。

其三，公共管理中的公共行政，在形式上是合作行政，在实质上则是服务行政。在20世纪得到充分发展的公共行政，在实质上是一种管理行政，是与管理型社会治理模式有着相同性质的，而公共管理在性质上则属于服务型社会治理模式，它的公共行政也是一种服务行政。这不仅是因为一切公共管理主体都以提供公共服务为其基本目标，而且更为根本的是，它们的定位都是引导者与服务者的角色，它们的管理行为是从属于服务的，具有服务的性质。所以，合作与服务是公共管理不同于传统公共行政的两个最基本的特征。

三、公共管理的成长

20世纪后期以来的政府改革，由于政府机构的精简、中央政府对地方政府的分权、政府对社会的放权、非政府组织以及其他社会自治力量的出现等原因，造就了多元社会治理主体合作共治的局面，这是人类社会治理历史上的又一次根本性的转变。它意味着工业社会所拥有的那种政府管理自身和管理社会转变为政府与非政府组织等社会治理力量共同开展社会管理和相互管理，意味着社会治理模式从公共行政转向公共管理。虽然目前公共管理作为一种社会治理模式还处于成长过程中，但依然具有管理的特征，它在取代管理型社会治理模式的过程中体现出了服务的本质，会逐渐成长为一种服务型社会治理模式。从20世纪后期的政府改革中，可以清楚地看到这一点。

首先，服务行政成为公共行政发展的新阶段。农业社会的行政属于统治行政，工业社会的行政属于管理行政，在管理行政发展到其高级阶段的时候，出现了公共行政这一典型形式。但是，管理行政范式中的公共行政是价值中立意义上的公共行政，还不具有实质上的公共性。公共行政发展的最高形态是，不仅在形式上具有公共性，而且在实质上也具有公共性，是形式公共性与实质公共性的统一，这种公共行政是以服务行政的形式出现的，是随着公共管理这一新型社会治理模式的出现而开始出现的。在各国的政府改革中，可以明显地感觉到："控制关系日渐式微，代之而起的是一种日益生成的服务关系，管理主体是服务者，而管理客体是服务的接受者。所以，这是一种完全新型的管理关系，在这种管理关系的基础上，必然造就出一种新型的社会治理模式，是一种服务型的社会治理模式"。而且，服务行政意味着公共行政范围的扩大。原先，公共行政是与私人行政相对应的，政府中的以及由政府所实施的行政管理活动是公共行政，而私人部门中的管理活动则称为私人行政。现在，公共行政不再仅指政府中的和政府所实施的行政管理活动，而是指包括政府在内的一切具有公共性的组织的行政管理活动。

服务行政与管理行政的根本区别就在于：其一，服务行政是服务导向的而非控制导向的。一切社会治理主体都是以服务者的面目出现的，它们的社会治理活动无非是相互提供服务，在治理者与被治理者的关系上，也无非是服务的提供与接受。其二，服务行政是公正导向的而非效率导向的。管理行政在政治与行政二分的前提下，事实上是把社会公正的问题交由政治部门去解决的，而行政自身所突出的是"效率中心主义"的理念，以效率作为衡量行政决策和行政执行效果的唯一标尺。服务行政则把社会公正问题的解决放在第一位，它的效率追求是从属于公正实现的要求的。其三，服务行政是客体本位的而非主体本位的。在管理行政中，政府是唯一的治理主体，政府处于治理体系的中心，一切治理活动都以政府的方便和政府权威得到维护为出发点。服务行政作为多元治理主体所承载和开展的行政活动，是把服务的接受者即行政客体放在中心位置上的，而服务的提供者作为行政主体则是在提供服务中去实现自身的价值和证明自身存在的必要性的。其四，服务行政是开放式的行政而非封闭式的行政。管理行政的科学化、技术化以及专业化使它具有封闭性的特征，也就是说，行政活动因为成了一门专门性的技术而无法向公众开放，所以，政府过程总是显得非常神秘。服务行政则不同，因为多元治理主体间存在着相互监督的关系，每一个治理主体的行政活动都必须是开放的、透明的，只有这样，它们之间才能确立起合作关系。

其次，参与治理成为政府管理向公共管理转变过程中的过渡形态。民主在本质上是一种权力的分配与运行方式，属于政治生活的范畴。20世纪70年代，由新公共行政运动提出的“民主行政”理念被引入到公共行政中来，新公共服务理论则用参与治理的方式落实了民主行政的理念。在20世纪的公共行政发展中，由于职业化、专业化，以及公共行政的保密性和公共行政机构相对独立的地位，使得公民与公共行政机构之间产生了巨大的距离，公共行政成了民主政治条件下的一个集权体系，因而加大了政府与公众之间的隔阂，使公民与政府处于一种紧张、陌生甚至误解的状态下。这种形势的发展既损害了公民的利益，也降低了政府工作的威信与效率。所以，在20世纪后期的政府改革中，如何增强公共行政中的民主内涵也成了一个重要的课题。参与治理方式的提出，正是适应了这一改革要求。

参与治理就是让公众参与到公共事务和管理等公共产品的供给中来，具体地说，就是参与政府的决策和执行过程，这对于改变政府在治理上的垄断地位具有积极意义。以公众参与决策为例，其一，公众参与决策能够保证社会问题及时转化为政策问题。行政决策实际上就是把一些社会问题转化为政策问题并提出解决方案的过程，公众通过制度化的渠道将自身关注的或与自身利益相关的问题以提案、建议等方式向决策层反映，有利于社会问题向政策问题的转化，能够使一些社会问题及时地引起决策层的注意，不至于让一些社会问题被长期搁置进而引发危机事件。其二，公众参与决策能够保证公众的意愿得到表达，并在决策过程中得到一定程度的采纳。公众参与决策主要体现为，政府在决策过程中，采用咨询、协商、公示、听证等方式倾听群众意见，听取他们对决策问题的看法，从而获取大量的决策信息，均衡各方利益，寻找决策依据，并制定出真正反映大多数公众利益的决策方案。在这一过程中，公众的意见表达能够保证政策更符合实际，反映出各方面的利益诉求，做到公正。从改革的实际效果看，随着信息化程度的提高和人们参与意识的增强，参与治理已经成为民主行政的一种基本途径。但是也需要指出，参与治理还不能看作是民主行政的目标，与政府垄断治理相比，它是一种进步，但与民主行政的要求还存在着很大的距离。这是因为参与治理无非是要公众参与到政府过程中来，它并没有改变政府在社会治理体系中的中心地位，并不合乎多元治理主体平等治理的要求。所以，它可以看作是从传统的政府管理向公共管理这一新型社会治理模式转变过程中的一种过渡形态。

最后，合作治理是公共管理的理想形式，也是民主行政的真正实现。既然20世纪后期的政府改革造就了非政府组织等各种各样的社会治理主体，这就确定无疑地展示了政府与这些社会治理力量合作治理的前景。从实践来看，由于政府改革所取得的进展，20世纪90年代以来，各国都努力在政府和非政府组织间建立起一种合作对话机制，各种非政府组织也都学会了以各种方式同政府部门进行协商、对话与合作。政府在制定有关政策时也已经开始自觉地与各种社会力量进行协商，并将协商的结果作为公共政策的依据。所有这些，都包含着走向造就合作治理局面的积极行动。伴随着成熟的合作治理方式成为社会治理的现实，公共管理这一新型社会治理模式也将成熟起来。

合作治理从根本上排除了政府中心主义的取向，其结果是：在政府与非政府组织以及其他社会自治力量之间，并不存在一个以谁为中心的问题，原先政府与社会间的“中心—边缘”构成状态被彻底打破，代之以政府与非政府组织以及其他社会自治力量在治理过程中的平等和以平等为基础的互动。所谓合作治理，实际上就是政府与非政府组织以及其他社会自治力量在社会治理过程中以服务为宗旨和以信任为纽带而开展的互动过程。在具体的公共产品供给过程中，它们之间会展开竞争；而在公共利益实现的问题上，它们之间则是无条件的合作关系。在合作治理中，专业化的特征将会加强，政府统揽全局的地位没有改变，但是它不再是凌驾于非政府组织以及其他社会组织之上，而是合作体系中的一个构成要素。政府对非政府组织以及其他社会组织的活动提供引导，发挥着引导型职能。但是，在这种引导型职能实现的过程中，政府所扮演的是类似于“教练”和“导师”的角色。正如体育比赛中的教练与运动员之间不分主次一样，政府与非政府组织和其他社会组织之间也没有主次之分。

第二节　公共管理学的学科属性

一、公共管理学的定位

随着公共管理的兴起，必然需要一门科学去研究它。公共管理学诞生于世纪之交，是一门综合运用社会治理知识来对公共管理展开系统化研究的科学。它是一门全新的、综合性的学科，是一门关于社会治理的学科，是社会科学中的前沿性学科。

在科学发展的意义上，公共管理学将会对政治学、社会学、经济学以及管理学等学科已经取得的成就加以继承，并将它们整合为一门全新的学科，从而抛弃这些学科的原有形式。在研究对象或研究内容方面，公共管理学不再像公共行政学那样限定于政府，而是要把一切参与社会治理行动的因素都纳入自己的视野中来，对从工业社会向后工业社会转型过程中的一切新生的、对社会治理有影响的因素加以认识和分析。在研究目标上，公共管理学是服务于新型社会治理模式建构的需要的，不仅要实现全面的理论创新，而且要积极探讨刷新社会治理的实践方案，在社会治理的每一件具体事务上进行开放性的创新性探索。

在中世纪后期，即在从农业社会向工业社会转型的那个过渡时期，科学萌动的第一次热潮是以罗马法注释的形式出现的，由此引发了 18 世纪的启蒙运动。在人文社会科学已经取得了巨大进展的今天，公共管理学的研究将会通过对既有的科学文献进行系统化阅读，去发现走向未来的启示。但是，公共管理学更具有直接关注现实的特征，从产生的那一天起就是一门实践性很强的科学，因而它把“实事求是”和“一切从实际出发”作为最基本的研究准则。

前瞻性创新是公共管理学的方法论原则，它反对任何把新生的社会因素纳入既有科学解释框架中去的懒惰做法，反对在工业社会科学范式的意义上来认识公共管理和公共管理学的思想态度。历史必然是不断进步的，尽管已有的科学对人类知识积累有着积极的价值，但是对于解决社会发展中新出现的问题，既有的科学及其理论是绝不可能在不做改变的情况下被加以套用的。公共管理作为一种新型的社会治理模式，面对的是空前复杂的和不确定的现实，这是以往一切科学都没有遇到也没有想到的问题，用以往的科学及其理论去解决新的问题，显然是不行的。所以，对于公共管理学而言，唯一的科学方法就是面向未来而进行创新。

从学科渊源上看，公共管理学是直接从公共行政学中脱胎而出的，必然会直接地继承和发展公共行政学的学科发展成就，即把公共行政学发展中的一切积极成就吸纳到公共管理学中。行政管理是人类社会亘古就有的治理现象，在农业社会，是依靠权力而开展治理活动，它没有实现内部治理与外部治理的分化。在工业社会，社会治理活动以公共行政形式出现，促使政府内部的行政管理与政府对外部的社会管理相分化，使政府的内部治理与外部治理在方法、目标和途径上都有所区别。公共管理则是这种分化的再融合，多元社会治理主体的合作治理已经使内外的区别失去了合理性。但是，由公共行政学发展起来的行政管理方法和技术以及社会管理的途径，都可以为公共管理学所继承。

当人们从行政管理这个概念出发去思考社会治理的问题时，应当关注的是社会治理技术层面的问题，所追求的应当是行政行为的效率。当威尔逊提出政治与行政二分原则时，他所讲的行政其实就是指行政管理，而不是“公共行政”。当然，20 世纪的行政管理由于专业化、技术化和价值中立而造就了公共行政这一社会治理形式也是一个事实。但是，沿着这一路径发展起来的公共行政显然不具有实质意义上的公共性，它的价值中立前提决定了它仅仅具有形式上的公共性，也可以称为消极的公共性。需要指出的是，行政管理的专业化、技术化追求是没有错的，在公共管理学探讨新型社会治理模式建构的过程中，依然会维护这一路线。

如果说行政管理这个概念所指的是一种活动、行动的话，那么公共行政的概念则是指一种模式，或者说，公共行政所代表的是一种治理模式。公共行政把农业社会统治者用来治理自身和社会的行政管理改造成只适用于政府自身管理的技巧，并赋予行政管理以科学性、专业化、技术化的特征。在政府的外部功能实现方面，公共行政则通过法律、公共政策等途径去开展活动，实现对社会的管理。这个时候，公共行政的公共性就必须被突出来。也就是说，在法律和公共政策的执行过程中，只注重执行的效率，要在不同的社会利益诉求之间做到不偏不倚，防止受到某一些社会力量的利用。至于社会中的不同利益诉求，那是一个政治过程，可以通过政治途径去表达，并在代表性机构中形成公共政策。一旦公共政策或法律形成，到了政府这里就只是一个执行的问题了。

事实上，法律以及公共政策的普遍性与政府执行过程中的具体性之间总是存在着很大的落差的，甚至存在着许多与法律和公共政策相冲突却又合情合理的诉求，由于各种各样的原因，这些诉求无法通过政治途径而得到有效的表达，更不用说被吸纳到法律和公共政策的内容中去了。在这种情况下，政府以放弃对具体问题的关照去维护行政的公共性，显然这是一种极其虚假的公共性。正是在此意义上，“新公共行政运动”提出了批评意见，要求政府在对社会的管理过程中关注具体的公平和正义问题。但是，在20世纪公共行政的框架内，这一点显然是无法实现的。公共管理抛弃了由政府垄断社会治理的模式，用合作治理来取代它，也就从根本上克服了公共行政“形式公共性”的问题，并赋予公共性以实质性的内涵。在公共管理的范畴中，行政管理与公共行政的区别已经被取消，它们都具有了公共性的特征和内涵。当然，公共管理学会保留行政管理和公共行政这两个概念，仅仅意味着研究视角上的差别。

总的说来，公共行政学与公共管理学是关于两种社会治理模式的两门不同的科学，在历史的维度中，它们有着前后相继的关系。而在实质上，就公共管理学是关于公共管理这一新兴的社会治理模式的科学而言，它是对公共行政学的扬弃，一方面，它要继承公共行政学研究的科学成就；另一方面，它又实现了对公共行政学的超越，是对公共行政学学科的否定。当公共行政学的科学成就被吸收到公共管理学之中时，实际上，公共行政学所研究的内容也就被包含到公共管理学之中了，或者说，公共行政学被统合到公共管理学之中了，成为公共管理学中的一个具体的“问题域”。也就是说，在公共管理学出现之后，公共行政学所研究的许多问题还会继续存在，还需要做出专门的研究，但是已经是在公共管理的总体框架下所进行的研究了。

比较公共行政学与公共管理学的区别可以看到，公共行政学主要以国家的行政系统——政府为研究对象，而且主要是研究政府自身的管理问题，希望通过政府自身管理问题的解决去为政府外部职能的实现提供保障。公共管理也同样重视参与社会治理过程中的一切组织的内部管理问题，在这方面会更多地继承公共行政学的研究内容、方法以及已经取得的成果。但是，公共管理的侧重点将放在公共服务的供给和运营问题上，着重研究多元治理主体之间在公共服务供给问题上的合作行动。这也说明，对于公共行政学来说，效率追求是第一位的；而对于公共管理学而言，提高公共服务质量才是第一位的。由于存在着这样的区别，公共行政学与公共管理学在社会治理的体制、运行机制、组织建构以及可以使用的方法和技术等各个方面都会存在着不同的理论和观点，因而为社会治理所提供的方案也会有着很大的不同。

当然，公共管理学是一门新学科，是一门关于社会治理的前沿性学科。未来在相当长的时期内，人们还会运用公共行政学的观念来认识它。所以，在今天学习和探讨公共管理学，是需要创新意识的支持的，特别是需要从公共行政学的知识和观念系统中解放出来，去努力发现它与公共行政学的不同，自觉地去积累公共管理学的知识，确立公共管理学的观念，建构公共管理学的学科体系。

二、公共管理学的内容

任何一门学科都是以客观世界的某一类事物、现象或过程作为研究对象的，科学研究就是要探讨这类事物或现象及过程的本质联系或规律性，从而形成学科的概念、范畴、定理、原理和方法的理论体系。公共管理是一种客观的社会治理活动及过程，它构成了公共管理学的研究对象。公共管理学所要研究的是公共管理主体（政府与非政府组织、官僚组织与任务型组织以及所有这些组织之间的合作网络）的关系、合作治理体系及其实现机制。

公共管理学所研究的社会治理主体已经不再仅仅是指政府，当然也不能穷尽所有的社会治理力量，而是把研究重心放在治理主体间的合作关系以及治理主体的服务性质上，特别是关注治理主体的价值目标及其实现保证。公共管理活动表现为多元治理主体之间的互动过程，公共管理学需要探讨公共管理过程中的机制，进而探讨每一类治理主体如何在自身的建设中去促进治理主体间的互动朝着良性发展的方向前进。在公共管理学的历史视野中，存在着三种社会治理模式，即统治型社会治理模式、管理型社会治理模式、服务型社会治理模式。农业社会的社会治理活动是从属于统治型社会治理模式的；工业社会所建构起来的是管理型社会治理模式，公共行政是它的典型代表；当人类走向后工业社会时，需要建构的是服务型社会治理模式，而公共管理就是这一治理模式的具体形态。或者说，公共管理在形式上还会保留管理的特征，但是它与工业社会中的社会治理过程不一样，它是一种从属于服务需要的管理。当然，在工业社会的管理中也包含着服务，比如，政府就是提供公共服务的垄断性机构。应当看到的是，这种服务是从属于管理的，是为了更好地达成管理的目标。公共管理则不同，它在形式上的管理却是为了更好地达成服务的目标，服务是公共管理的基本宗旨。因而公共管理学应集中探讨多元社会治理主体如何更好地扮演好服务者的角色和履行好引导型职能，如何有效地供给公共服务或公共产品。

具体地说，公共管理学的研究内容主要包括以下几个方面：

第一，研究和诠释公共管理。公共管理学应当努力去把握公共管理所具有的一切新的特征，努力在公共管理产生的时代背景中去理解它在社会治理上的革命性意义，以科学求实的态度去厘定公共管理的范围和内容，以启蒙后工业社会的精神去寻求公共管理制度创新的方案，以服务为原则去构想公共管理的体系结构和行为模式。通过这些工作，公共管理学将为一切从事公共管理活动的人们确立起全新的服务观念，让他们在新的历史背景下，通过自己的创造性行为，投入社会治理的过程中去，为社会提供其所需的公共产品。

第二，对公共管理做出全面规划。公共管理在应对现实中所出现的新的治理问题时，在各个具体的方面开展了治理创新，而现有的理论研究更多的是在旧的公共行政学的框架中来对它加以解释，因而，在新型社会治理模式的意义上，对公共管理的系统化理论研究成果极为鲜见。公共管理的实践得不到系统化的理论支持，这在很大程度上制约了公共管理实践的发展。公共管理学的研究需要立足于后工业化和全球化的现实，在新型社会治理模式的意义上来认识公共管理，对它做出系统化的理论探讨，并在理论探讨的基础上去对治理体系的结构、制度、运行机制、治理方式以及行为模式等各个方面进行系统而全面的规划。

第三，研究和解决后工业化、全球化过程中出现的新的社会治理问题。20 世纪后期以来，人类社会进入一个复杂性与不确定性迅速增长的时期，每时每刻都有新的社会现象和新问题出现，对既有的社会治理方式形成极大的挑战，许多问题因为治理方式的不适应而演化为危机事件。在这种情况下，公共管理学需要承担认识这些新的社会现象和问题的任务，需要通过对这些新的社会现象和问题的认识去思考对策性的应对方案，进而发现在新的历史条件下开展社会治理的一般规律，提炼出公共管理的一般原则和方法。

第四，关注科学技术新成果在公共管理中的运用。公共管理学是一门科学，在学科交叉、相互借鉴已经成为科学发展的基本趋势的情况下，公共管理学需要借鉴其他学科的新的成果和研究方法。不仅如此，公共管理作为一种新型的社会治理模式，也需要得到新的科学和技术成果的支持，需要随时汲取和应用新的科学技术手段。事实上，20 世纪后期以来，在社会治理方面已经大量吸收借鉴了科学技术成果，在某种意义上，如果没有新的科学技术成果的支撑，以公共行政为代表的社会治理体系早已坍塌了，正是源源不断的新的科学技术成就，使公共行政体系在高度复杂性和高度不确定性的条件下还能够维持社会治理的局面。所以，公共管理应当更加重视对新的科学技术成果的应用，而公共管理学在这方面是可以发挥重要作用的。

第五，对人类社会治理历史的重新解读。人类的社会治理文明是一个连续的过程，在历史上有着许多宝贵的治理经验，同时也有着丰富的治理思想，在不同的历史阶段，从不同的视角出发，所看到的是不同的东西。随着公共管理的出现，公共管理学可以获得一种全新的视角，从这个视角出发，对人类的治理文明进行重新解读，可以在历史上发现那些长期被湮没了的治理经验和思想。公共管理学的任务是要把历史上那些有价值的治理经验和思想转化成知识，使之服务于公共管理活动的开展。

当然，公共管理学作为一门实践性很强的科学，需要更多地从现实出发，以公共管理为研究对象，以公共管理过程中所遇到的问题为研究重心，要能够通过理论研究去解决公共管理实践中所遇到的问题，特别是在开发公共管理前瞻性预测技术和解决问题的能力方面发挥作用。总而言之，公共管理学是一门新兴的关于社会治理的科学，所要从事的是创新性的研究。善于发现社会治理中的新问题并提出解决方案，是这一学科的基本任务，也是这一学科发展的动力所在。

三、公共管理学的特征

公共管理学是一门关于社会治理的前沿性科学，它通过综合管理学、政治学、经济学和社会学等学科的基础性知识和分析视角，着眼于解决公共管理中的实际问题，并且从多学科相结合的角度来研究能够直接作用于实践的综合性的治理手段。

第一，公共管理学是一门新兴的交叉性学科。公共管理学的研究对象是公共管理，对公共管理进行研究和规划需要打破学科界限，注重综合运用多学科的知识。一方面，公共管理学是在当代政治学、经济学、管理学、社会学、政策科学等学科基础上，融合各种理论逐步发展起来的；另一方面，公共管理学在吸收其他学科的理论和方法的基础上，逐渐形成本学科的“研究范式”或“研究纲领”，以一种“社会治理学”的面相出现，成为社会科学中的一门前沿性学科。

第二，公共管理学是以应用为取向的科学，是一门理论见之于实践的科学。公共管理学通过对不同时期不同国家的社会治理系统及过程的研究，加深了人类对这一领域的了解，积累了感性知识，并将这些知识上升到理性的高度，去创建概念、方法、原则和定理等系统化的理论体系。同时，公共管理的理论又是直接来自实践并为了指导实践而建立起来的。所以，公共管理学能够体现出学术性与应用性的统一。

第三，公共管理学体现了实证性与规范性的统一。所谓实证性是指公共管理学追求经验科学的证实、预见和客观性等传统，要求对公共管理的现象、事实或经验加以归纳与分析，得出一般的假设或可检验的命题和理论，并由经验、事实来检验这种假设、命题或理论的正确性。通过实证性的研究，公共管理还要能够解释相关的现象或过程，并做出对未来的预测。所谓规范性是指公共管理学还要把价值分析作为科学研究的重要内容，力求提出规范性的建议，特别是对于公共管理合作体系的规范要做出创新性的建构。

第四，公共管理学体现了公共性与科学性的统一。这个特征就是通常人们所说的“政治性”与社会性、可操作性的关系。公共管理主体所涉及的是国家、政府或其他公共组织，是以提供公共服务和公共产品为宗旨的。与私人管理不同，公共管理过程更多发生在公共领域，属于对公共生活的管理，因而具有公共性。另一方面，公共管理也具有管理的形式，遵循管理的科学规定，具有一般管理的过程，同样包含决策、计划、沟通、协调、监控等基本环节，并采用某些共同的管理方法和技术。所以，公共管理学既具有传统的公共行政学、政治学的特征，又具有管理学的特征。传统的多学科特征都会在公共管理学中得到融合并体现出来。

第五，公共管理学的研究需要科学的和有效的方法。公共管理学的方法体系有一个显著的特征，即研究方法的跨学科性、交叉性和多样性。其他社会科学的分析方法，特别是管理学、经济学、社会学等的方法对于公共管理学是适用的，而且公共管理学的优势就在于它的跨学科交叉混合性。公共管理学常用的典型分析方法有：规范分析、比较分析、系统分析、案例分析、社会调查以及统计分析等。在从事公共管理学的研究中，还有两个方法论上的问题需要引起高度重视：一是要注重运用辩证唯物主义和历史唯物主义，探讨、揭示公共管理活动的发展规律；二是要注重运用理论联系实际的方法，探讨公共行政与公共管理活动中的理论与制度创新。

第二章　公共管理的基础知识

第一节　公共管理的原则

一、人本原则

所谓人本，顾名思义就是以人为本。公共管理的人本原则，就是管理主体在管理实践中确立并运用于管理实践的一切从人出发，旨在调动人的主动性、创造性和积极性的要求。人本原则具有以下几重规定：首先，公共管理过程的起点必须是人。公共管理的本质就是为了满足社会公众物质需要和精神需要，实现人的全面发展和人的才能的充分发挥。因此，人的需要及其满足是公共管理活动的终极目标。其次，人是公共管理的首要课题。公共管理中包含着措施、手段、设施等要素，但是，这些要素首先是作用于被管理的人，再通过被管理的人所发挥的能动作用，使这些要素产生协调和综合的结果。再次，公共管理主体的人格化。作为公共管理主体的组织和机构，其实际的运行和效能的发挥，必须依靠具体的人来完成，表现出人格化的特征。因此，管理主体自身素质的完善、管理主体认识能力的提高和价值取向的合理化，对公共管理的结果将会产生重要的影响。最后，公共管理中人的群体性。公共管理群体性中的人，不单指现实生活中具有自己意志、利益和行为的个人，而且指具有共同目的和协作关系的个人所结成的群体或组织，有着群体的需求和愿望。

在社会主义制度下，人与人之间、管理者与被管理者之间是平等的关系，各级管理机构及管理者都是以公共利益代表的身份具备管理公共事务的职责，其管理权力是社会公众赋予的。因此，从理论上说，社会公众既是公共管理的主体，又是公共管理的客体，体现了以人为本原则的本质特性。

二、服务原则

市场经济的精髓在于充分利用行为主体的自利本性，通过合乎规范的自利行为，在实现自身利益的同时谋求整个社会的发展与繁荣。因此，作为主体的主体资格与自主权利显得十分必要和重要，管理的规则和过程不能损害其客观存在。市场经济必然要求公共管理要以社会、企业和公众为本位，顺应他们的意志和愿望来实施职能行为，为他们愿望的满足提供必要的条件。

可见，现代市场经济基础上的公共管理就其本质而言，不是管制，而是服务。公共服务是公共管理的内核和基础，公共管理的目的不是向社会、企业和公众提供价值，而是为他们追求和实现自身价值创造良好的条件。同时，公共服务本身也被看成是公共管理机构存在的价值所在和主要依据。因此，要突出公共管理机构的公共服务职能，提高公共管理机构的公共服务能力，更好地满足社会公众的需要、实现社会发展的目标。

三、合作原则

在公共事务管理领域，由于国家—社会—经济之间的关系发生新的调整和变化，随之出现的一系列新情况、新问题不再能够简单地借助于计划方式或市场方式寻求解决，有些相互依存形式也不适合单纯地以行政命令或市场机制进行调整。在此情况下，强调各类主体之间进行合作的原则得到广泛的认可。

公共管理发展的一个重要特征是形成多主体合作治理结构。多主体合作治理结构意味着社会各类主体（包括行政组织、社会组织、中介组织、社会公众、营利性组织等）在共同参与公共事务管理过程中，需要形成合作和互动的过程或制度，尤其是通过建立协商和广泛参与机制，促进政府与社会之间的互动，进而建立政治稳定与社会活力相统一的社会秩序；建立社会共同体的网络组织，实现非行政性的纵向沟通和横向联系；进行广泛的社会动员，培养社会的自治意识、自治能力和自治习惯。

四、效能原则

公共管理为了实现一定的效果，必然要求具备相应的协调能力和支持能力，而体现这些能力的标准主要是效率和有效性。其中，效率反映的是公共管理过程中投入要素与实际产出之间的关系；有效性反映的是公共管理的实际结果与预定目标之间的关系。效能原则强调，在公共管理中必须实现效率与有效性的有机统一。

从理想的角度来看，公共管理应该实现高效率与高有效性的统一。但从现实的角度来看，效率与有效性之间存在着一定的矛盾，也就是说，在追求高效率的同时可能会出现低有效性的情况；在追求高有效性的同时可能会出现低效率的情况。片面追求高效率或高有效性，都不利于真正实现公共管理的目标。因此，必须根据公共管理的目标和要求，追求效率与有效性之间的有机统一，使公共管理的总体效能达到较为理想的状态。

五、均衡原则

在社会公众利益出现差异化的背景下，在公共管理的实际过程中必然会遇到社会公众不同的要求同时并存的情况，例如，公正与效率、长远利益与眼前利益、社会效益与经济效益等。虽然从一定的条件或者特定的角度来看，这些要求都有其存在的合理性，但是，这些不同的要求之间确实存在着矛盾和冲突的一面。如果不能妥善处理各种矛盾和冲突，就会影响公共管理目标的实现。

因此，在实际的公共管理中，必须根据公共管理的目标规定，既要考虑这些要求内涵的合理性，也要注重这些要求之间的协调性。只有在不同要求趋于均衡的条件下，才能取得公共管理的整体性满意效果。

第二节　公共管理的目标

一、公共管理目标的特征

任何管理都是有一定的目的，把特定的目的具体化，变成可掌握、可衡量、可操作的要求和规定，就成为管理目标。

一般来说，目标是指人们进行某项活动所需达到的预期结果。管理目标则是指人们进行管理活动所达到的预期结果。进一步说，管理目标不但要考虑预期结果，而且还要考虑如何达到这一预期结果。也就是说，管理目标具有两重内容，一是预期的管理结果；二是达到这一预期结果所应采取的管理措施。

公共管理目标是一个难以下确切定义的概念，原因在于：首先，由公共管理的特点决定，公共管理目标是一个涵盖很广的范畴，很难用具体的定义来概括。其次，不同的国家或不同的地区，在不同的发展时期或阶段，公共管理目标存在很大的差异，越是具体的目标其变化也越快，使得用固定的理论来定义公共管理目标就会失去实际的意义。再次，公共管理目标自身是一个复杂的体系，较难用简练的语言给出其确切的定义。

虽然界定公共管理目标的确切涵义存在一定的困难，但这并不妨碍从公共管理目标特征的角度来理解其内涵。

第一，公共管理目标决定于公共管理的目的。公共管理目标是公共管理目的的具体化，某一管理目的可以化解为许多具体的目标，而相关的管理目标往往服务于某一管理目的。比较而言，管理目的侧重于质的规定性，管理目标则侧重于量的规定性。也就是说，公共管理目标是质与量的统一，不仅为公共管理确定了活动方向、性质、途径等质的要求，而且也决定了公共管理活动的范围、量化指标和评价标准等量的要求，客观上，也为公共管理手段的选择和公共管理效果的评价提供了可能性。

第二，公共管理目标具有进取性。公共管理目标是公共管理主体对未来发展状态的判断，既可以是质的描述，也可以是量的指标。不管这种判断是对公共管理活动理想状态的设定，还是对公共管理未来发展的预测，就其基本内容而言，它所要求的是通过公共管理活动，来实现社会的良性发展，提高社会公众的生活质量，增强公共服务能力，而不是反其道而行之，为管理而管理或消极管理。

第三，公共管理目标的整体性。公共管理目标要全面考虑各方面的制约因素，综合反映各层次的具体要求。这样，公共管理目标必然是可分的，不但可以划分为各种具体指标，而且还可以根据公共管理机构的各个职能部门和不同层次划分为分目标。这些具体指标和分目标具有更加显著的针对性和激励性，使公共管理更易为社会公众所接受。但是，公共管理目标的可分性并不否定其整体性。从社会整体发展的要求来看，公共管理的具体指标和分目标存在着统一的原则和内容。没有这种统一，就不能形成一个目标整体，也不能引导各项管理措施发挥同向作用，确切地说，公共管理目标的整体性和可分性反映的是公共管理总体与局部的关系。

第四，公共管理目标之间的矛盾性。从理论上说，在确定公共管理目标时，不能出现相互矛盾的现象。但从实际情况来看，公共管理目标之间的矛盾却难以避免。一方面，制订公共管理目标要考虑各种因素和要求，从目标的整体性出发，使各种因素和要求达到高度的统一。但是，实际上各种因素和要求之间存在着矛盾。另一方面，一定的公共管理目标必定与一定的公共管理手段相联系，也就是说，对某一特定公共管理目标有效的管理手段，不一定对其他公共管理目标产生效果，甚至可能会产生消极作用，这就决定了一定的管理手段只能实现一定的公共管理目标，任何一个公共管理目标都不可能替代另一个公共管理目标。

正是这种矛盾性，使得在实际公共管理中容易顾此失彼，甚至可能采取完全相悖的措施。因此，在公共管理目标的制定和实现中，一定要从实际出发，统筹兼顾，适当安排，力争使各种矛盾得到合理的解决。

第五，公共管理目标的时间性和阶段性。任何目标都有一定的时间限制。对于公共管理目标来说，必须说明在什么时间或时期内，采取什么管理措施，达到什么预想目标。但是，对于一些公共管理目标，特别是中长期目标，可依据公共管理主体所判断的“重要程度”不同，而划分为阶段性目标。一般来说，某一公共管理目标已经实现程度越低，或者与社会发展的总体目标越接近，其重要程度也就越高。

第六，公共管理目标的伸缩性。任何目标都要力求文字表达简要明确，指标尽量定量化，否则难以在实际中具体实施，公共管理目标也不例外。但是，对于公共管理目标，特别是中长期目标，由于其复杂的程度，以及人们的认识和技术手段的有限，有时在文字描述或数量化方面并不一定能做到十分精确，应当允许有一定程度的弹性。因此，在制定某些公共管理目标时，只描述一个基本方向或规定一个允许幅度，不但不失其明确性和科学性，反而使其更具可行性和操作性。

二、公共管理目标的分类

公共管理一般可以分为宏观层次和微观层次。宏观层次属于整体协调和方向性管理，微观层次属于具体操作的指定性管理。前者主要在高级管理层中出现，后者主要通过中低级管理层实现。因此，目标管理体系的确立应该也有宏观和微观两个层次。无论哪个层次的目标对公共管理的有效性都有着特殊的意义，表现为：第一，协调宏观管理目标和微观管理目标的关系；第二，通过最大限度地减少盲目性而节约公共资源（人力、物力和财力等）；第三，变直接控制和监督为目标控制；第四，提供评价各级公共管理机构绩效的标准；第五，调动各级公共管理人员广泛地参与公共管理决策。

在公共管理的目标体系中最高层次的是长远目标，其次是中期目标，再次是短期目标，最后是具体的活动目标。

长远目标是指与公共管理的根本利益、价值观、整体利益相联系的总体发展目标，体现公共管理的宗旨，是比较抽象的目标。

中期目标是指围绕长远目标而制定的较长期努力的方向，通常不能完全实现公共管理机构的长远规划，但可以在某一或某几个方面实现长远目标，或者为最终实现长远目标奠定良好的基础和条件。中期目标通常以五年左右为期限。

短期目标是公共管理机构根据某一时期所处的环境和主客观条件的实际而制定的、必须在短期内变成现实的努力目标。因为短期目标的实现期限通常以一年为准，因而又可称为年度工作计划。短期目标是比较具体的规划，如当年计划实施哪些项目，要完成哪些任务，达到哪些指标状态等。

当前目标是在当前时期能够很快变成现实的工作打算，根据当前时期的工作重点来确定，期限一般以一个月或一个季度较为适宜，也有以半年为期的。当前目标具有一定的紧迫性，必须将它分解为具体目标，通过多种形式的具体活动来保证及时实现。

具体目标也就是操作目标，即某一次具体的公共管理活动所预期实现的目标和打算。任何公共管理活动都应有明确的具体目标，如达到什么效果，产生什么样的社会影响，与社会公众的关系改善到何种程度等，它往往是针对比较具体的问题而提出的。

长期目标、中期目标、短期目标、当前目标、具体目标相互衔接组成一个目标链，时间越近的目标围绕时间更远的目标而制订和展开。一般而言，时间越长的目标越笼统，仅仅是工作大方向；时间越短的目标越具体，越具有直接可操作性。时间长的目标通过分解成短期目标而具体化并使之变成现实。公共管理中最具基础性的工作就是要建立合理、可行的目标体系，尤其是善于把目标具体化，变成实际的管理行为。

在拟定公共管理目标时应注意以下几个问题：第一，任何层次的目标都必须具体、明确，即使长期目标也应规定公共管理的明确努力方向，而不能是模糊不清的。第二，目标要具有一定的灵活性，在某些方面应根据实际运行和操作情况加以修改和调整。因为目标指向于未来，而制定目标的时候却是从现实和过去出发的，其预测难免会有某些偏差和失误，要在运行中不断地矫正。第三，不同的公共管理机构所侧重的目标层次是各不相同的。对许多中低层管理人员来说，较长期的目标并不十分重要，这种关系全局和整体的目标应主要由高层管理人员去拟定，中低层管理人员更应关注具体的和当前的目标，但也要了解和善于化解高层管理人员的意图。对于高层管理人员来说，其主要任务是计划、组织、协调和控制；对于中低层管理人员来说，其主要任务是实施、执行、运作和评估。所以，层次越高的管理人员越重视抽象的目标，反之层次越低的管理人员越重视具体的目标。

三、当代公共管理发展的目标

为了高效率和负责任地提供基础设施服务，需要通过使用三种手段来变革激励机制：即商业化管理、竞争和有关人士的参与。政府和私营部门的作用也必须改变。技术革新以及提供基础设施替代方法的出现，标志着公共管理改革应遵循下列原则：

第一，像企业家那样管理基础设施，而不能像官僚。应把基础设施的提供看作是对消费者需求作出反应的一个服务行业并按此原则来经营。业绩不佳的原因是目的不明确，财政自主权和财经纪律几乎没有，以及不存在由消费者衡量的最低满意度。为了确保基础设施的商业属性，私营部门对管理、融资和产权的参与在绝大多数情况下都是必要的。

第二，引入竞争。竞争能给予消费者更多的选择，可以更好地满足其需求，它对公共物品提供者形成了压力，使之提高效率并对消费者负责。直接引入竞争的方法是，对没有技术障碍的公共活动实行自由准入；间接引入竞争的方法是，对那些存在自然垄断条件的专有服务的提供权进行竞争性投标，使替代服务提供自由化。

第三，赋予使用者和有关人士更多的发言权和实际责任。如果基础设施活动会产生重大的外部影响，不管是好是坏，或者财经纪律还不足以确保使用者和其他有关团体负责，政府就要通过其他手段解决问题。在设计和规范基础设施服务方面，使用者和其他有关人士应有代表参与，在某些情况下，他们应在设计、经营和融资方面发挥重要的积极性。

第四，在融资方面有希望建立公共—私人的伙伴关系。私营部门对新设施能力融资的参与正在扩大。其经验教训是，政府应从简单的项目入手，从而取得经验。投资者的收益应与项目进展情况联系起来。所有必要的政府担保都必须仔细斟酌。

第五，在情况发生变化时，政府将在基础设施领域继续发挥作用。在政府的直接控制下，除了采取改善基础设施提供业绩的措施以外，政府还可以发挥改善环境状况和协调部门间关系的作用。政府还要负责创建法律和规章框架，支持私人参与基础设施服务的供给。

根据公共管理目标的特征，结合近年来世界各国公共管理改革和发展的情况，公共管理发展的主要目标是：第一，提高公共管理机构的资源配置效率和工作效率；第二，增加公共管理机构实施的公共管理计划和项目的有效性；第三，通过职能转移缩小公共管理机构的规模；第四，改善公共管理部门提供的公共产品和公共服务的质量；第五，使公众更加容易获得公共服务，增强公共服务对公众需求的反应力；第六，增加公共管理机构行为的透明度；第七，完善公共管理机构的责任机制。

第三节　公共管理机构的职能

一、计划职能

（一）计划的定义

计划是公共管理的首要职能。计划包括两层含义：一是制定目标和为实现这些目标而必须作出的选择；二是在相应的法律法规范围内制定系统的工作程序。

公共管理计划是指，公共管理机构制定在未来一段时间内要实现的目标，以及为实现这些目标选择最佳的方案和路径。

衡量公共管理计划优劣的标准是：计划必须简明扼要地陈述清晰而明确的目标，并包含所有的行为过程；计划应该具有一定的灵活性，以针对现实中出现的意料不到的变化并作出必要的调整；为一些难以确定的因素保留必要的灵活性；允许经常性的可行性监督检查；能够充分传达至每一个有关的人员；具有与所制定的目标相符的资源条件。由此，有关衡量公共管理计划的标准可以概括为：整体性、连续性、灵活性和准确性。

（二）制订计划的必要性

在公共管理中，计划的主要作用是积极的，可以使公共管理活动尽量避免受到外来变化因素的干扰，沿着既定的目标进行；可以进一步细分目标，激发创造性思维；可以成为评价公共管理人员工作绩效的工具和依据；可以把有限的资源投入计划所确定的目标上，达到资源的合理配置。

一个好的公共管理计划能引导公共管理机构的不同部门围绕公共管理目标规范管理行为，并经常对照检查。由于各部门会根据计划采取最佳的组织和管理行为，因而能够避免各自为政，使管理行为更趋合理。换言之，公共管理计划本身还能产生效率和协调的效果。

（三）制订计划的前提和步骤

公共管理计划的制订实质上是管理目标的细分和实现过程，因而是有一定前提的，主要包括以下三个方面：第一，明确计划的目的、各部门的任务和职责。第二，选择最佳人员配备到关键职位上。第三，为目标的实现制定必要的行为约束办法。

公共管理计划的制订主要由公共管理机构中的高级管理人员来承担。计划的酝酿过程实际上是与不同的利益集团及社会不同成员“谈判”的过程。因此，制订计划必须遵循一定的程序和步骤，以保证计划的合理性。这些步骤包括：目标的分类；对现状进行深入的调查和评估；在权衡各种计划的基础上选择实施路径；确定最佳的方法。

（四）计划的类型

公共管理计划主要分为长期计划和短期计划两类。当然，所谓长期和短期是相对而言的，在不同的情形下会有较大的差别。

长期计划是指导管理性计划的计划，其时间跨度一般在三年或三年以上。在制定长期计划时必须充分考虑各种影响因素，包括：

（1）明确管理目标，了解哪些是必须做的；

（2）对公共管理机构当前的运行状况进行自我评估，了解自己所处的位置；

（3）和其他公共管理机构的计划进行比较，了解相关机构当前的状况；

（4）了解哪些计划是可行的；

（5）决定采用何种路径；

（6）决定具体由谁来承担，并排出工作日程表；

（7）设计反馈和计划评估，及时了解实施的效果。

短期计划是与具体的公共事务关系最为密切的一种计划形式，计划时限一般为一年或更短。短期计划的作用是将长期计划分解为很多具体的目标。如果说公共管理机构的高级管理人员主要在长期计划中发挥作用的话，那么中低级管理人员就是短期计划的具体实施者。制定短期计划也同样要考虑上述七个方面因素，所不同的是它更着重于过程的实施。

二、组织职能

（一）组织的含义

根据公共管理机构中不同层次的公共管理人员的实际作用，组织有两层含义：第一层含义是由高级管理人员承担的，目的是实现公共管理机构某一较为宏观的管理目标，这被称为“组织”（Organizing）；第二层含义是由中低级管理人员完成的，在具体运行层次上，根据现有资源和约束条件对宏观管理目标进行细分，这被称为“重组”（Reorganizing）。在大多数情况下，主要根据第一层含义使用“组织”一词。

从本质上讲，公共管理中的“组织”是为了某一特定目标而对权力所作的组合过程。如交通设施的建设和空气污染的治理也需要政府和社会各方面力量的共同努力。也就是说，为了有效地实现某一公共管理目标，需要对某一公共管理机构或主管部门进行权力的重新组合，或建立新的公共管理机构。在一般情况下，组织需要较高的权力成本。

（二）组织的类型

第一类是根据公共管理目标而设立的组织形式。一般而言，公共管理目标包括医疗卫生、教育文化、社会保障、征税等方面。为了一定的公共目的而兴办公共项目，通常很容易得到社会公众的理解和支持。这是因为这些公共项目不仅能满足社会公众的需要，而且将创造更多的就业机会。根据公共管理目标设立组织的主要困难在于，某些公共管理目标之间较难明确区分。

第二类是根据办事程序而设立的组织形式。公共管理的实际运作过程是依据科学原理而设置的程序化过程，包括授权、环节、标准、承诺、时间等要素。根据办事程序性要求组成特定的组织机构，汇集专业的管理人员和技术人员，可以为社会公众提供更好的公共服务。但是，根据办事程序设立组织机构实行程序化、标准化的管理运作，有时却不容易得到社会公众的理解。同时，由于配置专业人员，使得这些部门的运作成本一般比较高。

第三类是根据地域性需要而设立的组织形式。为了有效处理公共事务，可以根据地域性需要设置相应的公共管理管理机构。其好处在于：有利于当地社会公众的参与；可根据当地实际情况对工作程序进行必要的调整；有助于社会公众实际需要的快速反应。当然，根据地域而设立的组织形式也会产生一定的困难，即对服务质量一视同仁的要求。事实上，公共管理机构在提供管理和服务过程中，不同社区或不同社会成员所接受的服务数量和质量总会有一定的差别，但如果处理不当，容易引起社会公众的矛盾及对公共管理机构的负面评价。而为了满足社会公众对服务数量和质量一视同仁的要求，公共管理机构将要付出较高的协调成本。

上述三种类型组织形式的设立并没有明显的界线。在具体的公共管理过程中，有关公共管理机构的设立既要依据一定的工作流程，也要面对一定的服务对象，当然地域因素也是不能忽视的。总而言之，任何公共管理组织形式设立的目的都是更有效地实现一定的公共目标。

（三）高级管理层的组织

在新的公共管理组织机构形成过程中，至少要考虑三个问题：首先，设立的组织机构必须发挥相应的作用，并与公共管理目标一致。其次，减少组织机构内部、机构与机构之间的摩擦。新的组织机构的设立只能有助于工作的开展而不能起阻碍作用。高级管理人员的职责是着眼于设立并维护新的组织机构以处理公共事务，并使技术程序、正式的政策法规按组织运作的要求组成一个密不可分的整体。再次，必须协调组织机构各部门与外部影响因素之间的关系；在变动过程中充分考虑稳定的因素；保持绩效与不断创新相结合；管理目标实现与公共利益实现相结合。

（四）中低级管理层的重组

公共管理组织向下级延伸并进入正式运作，实质上是一个重组的过程。在这一过程中，起主要作用的是中低级管理层。从广义上来说，就是把具体操作者的工作与组织的目标联系起来，前者直接向社会公众提供管理和服务，后者则已经体现在总体工作计划中。这种联系过程就自然包括了重组的成分。从字面上看来，重组是指对组织机构做比较大的、非经常性的变动，但是在这里，重组指的是中低级管理层在组织中的作用。

高级管理层站在本系统的高度上考虑问题，而中低级管理层则着眼于实现经过分解了的具体目标和日常工作。它包括两个过程：一个将大的目标分解为众多小的目标，以发挥专业聚集的作用；二是努力将这些小的目标联系起来，以产生协作效应（这种协作效应大于个体效应的简单之和）。由于需要实现管理的专业化，同时又要保持组织的协作性，因此中低级管理层在努力使自己的工作紧扣高级管理层制定的中心工作的同时，就必须不断进行重组。

三、协调职能

协调是公共管理的主要职能之一。在具体的公共管理中，把众多的公共管理机构组织起来是经常发生的事情。特别是当公共管理和公共服务项目的增加或削减以及规章制度发生变化等的时候，组织协调工作显得更加重要。简单地说，协调就是根据一定的时间、数量和质量要求向社会公众提供良好管理和最佳服务的过程。

协调之所以在公共管理中具有很高的地位，其原因就在于：第一，要执行任何一项公共管理措施并使其获得成效，必须调动和整合各个方面力量。第二，当一个公共管理机构为了某一项措施的实施而要求另一个机构的协调时，通常意味着另一个机构已经事先了解该措施。第三，每一个公共管理机构必须克服由其成员带来的、不利于完成所分配任务的离心作用。

（一）协调的定义及其功能

协调是一个比较宽泛的概念。一般而言，协调是管理功能、管理行为和管理运作之间重构、统一、调和及整合的过程。公共管理协调的内涵主要是描述和说明具体执行的人与最终结果、部分与个体之间和谐的组合、统一及整合等。

公共管理协调是指，为了达到某一个管理目标，在一个群体运动中将不同的力量组合起来，实现管理中各个主体功能的有机组合。

协调中的沟通是连接人的行为和管理目标的桥梁，它主要由中低级管理层来实现。在很大程度上，沟通是通过提高公共管理机构内部的信息有效交流来实现的。在管理工作中，沟通是必不可少的：首先，由于时间的关系，高级管理层尤其是决策层往往忽略所下达的指示或所采取的行动中与整体脱节的地方。其次，高级管理层的指示经常是在匆忙中下达的，缺乏必要的交流。再次，专业人员大都以完成本职工作为目的，很少考虑如何将他们的工作纳入整体目标中。因此，公共管理人员需要经常在日常管理工作和所预期的目标之间进行充分而有效的沟通。那种认为通过组织制度就可以自动实现沟通的想法是不现实的。

在公共管理中，有悖于整体目标的行为通常称作“管理脱节”，意指工作程序的相互背离，这是协调工作中的重点和难点。在任何级别的公共管理机构中，内部管理行为都是围绕着不同的目标进行的，并设计了不同的工作程序。但是，这些工作程序之间或多或少存在着矛盾和摩擦，在有些情况下甚至出现相互冲突，在一定程度上已经成为提高公共管理效率、实现公共管理目标的障碍。

（二）高级管理层的协调

在当代公共管理中，协调已为各管理层广泛重视。总体上看，高级管理层主要是在协调外部环境和在本机构内部构筑协调机制方面发挥作用，其主要形式是协调委员会。

协调委员会能行使外部协调和内部协调的双重职能。对很多公共管理机构来说，协调委员会的权力是由法律赋予的，以使其能在各种利益集团之间进行有效斡旋。当对某一具体的公共事务的处理已经明显超出了这一层次管理人员职能范围的时候，协调委员会负责向其上级提供决策咨询，或在管理工作中直接扮演上级的角色。

总的说来，为高级管理层服务的协调委员会在行使职能时需要注意一些相关的问题，如在所有成员中贯彻本机构的整体要求，形成沟通意识；经常、及时地从上级获取新的工作安排和进展；争取工作人员和各业务主管对委员会工作的理解和支持；提醒下级业务主管留心上级关心的其他事务等。

（三）中低级管理层的协调

中低级管理层处在高级管理层和具体操作者的中间层次，它的协调功能也就定位于此，即在公共管理措施实施过程中发挥作用。上级公共管理机构制定的管理措施一般都是妥协之策，因而目标不可能定得很清楚，仅仅是方向性的，甚至是隐含在措施中的。这就意味着中低级管理人员经常接受一些不甚明了，甚至是自相矛盾的任务。所以，中低级管理人员面临大量的协调工作。协调是一门艺术，它要求将不同利益和要求的集团或个人联合起来，并引导他们为共同的目标同心协力。为了达到这样的目的，需要用一些高级管理层所采用的协调办法，如派出代表沟通、成立协调委员会等。但是，也有一些协调手段是中低级管理层所特有的，通过项目管理和契约监督进行协调就是其中的两种。

1. 通过项目管理进行协调

在公共管理中，由于经常出现各部门的行为与公共目标相背离，需要对各种资源、要素进行配置，这就是协调工作。中低级管理层协调工作主要有以下几项。

（1）设定目标

将各方分散的、低层次的要求组合起来，形成能为各方所乐于接受的公共项目。

（2）机构设计

将项目的各个部分分解给不同的部门负责实施，但保持各部分的整体性、协调性。

（3）信息交流

对来自各方面的信息进行鉴别、监控。

（4）形成激励

建立科学的激励机制，使承担各个部分工作的部门尽心尽力，各司其职。

（5）战略决策

根据目标，优化决策方案。

（6）优化修正

根据现实需要，对人力资源和物质资源进行合理配置。

2. 通过对契约履行状况的监督进行协调

在大多数西方国家，公益事业、人力资源服务、住房建设、医疗保健、劳动力资源的开发等均以合约的形式委托给私人经营，20 世纪 70 年代后，出现持续的“从权力走向合同的运动”。在一般情况下，中低级管理人员是这种合约的监督者。本着维护公共利益的原则，中低级管理人员需要具备有关合约内容、合约实施步骤、合约类型等方面的业务知识，并努力成为合约管理的专家。具体说来，中低级管理人员在合约管理中承担的主要工作是：

（1）充当公共管理机构的代表；

（2）促进合约的履行；

（3）从各方面给予必要的协助，如信息、协助解决问题、审批等；

（4）与公众广泛接触，倾听他们的意见；

（5）经常提供项目进展报告，对项目进行质量验收。

四、控制职能

（一）控制的定义

在预先拟定的目标实现过程中，需要适时对计划进行调整，这一过程就是控制。计划是目标及其实施途径的规划；组织是根据目标设立必要的管理机构；协调是人力和物质资源结合的过程。控制要解决的是如何把具体的运作和最终目标联系起来的问题。控制是一个很活跃的要素，它贯穿于整个管理过程，依据总体目标对管理者和操作者的行为进行指导、修正。

公共管理控制是指，对公共管理过程的监督、调节和修正，使之与拟定的公共管理目标相符。控制的目的是实现目标，对人的监督是控制的手段而不是目的。

1. 控制系统

公共管理机构的权力来自社会公众，必须处处以公共利益为重，想方设法提高管理效率和管理绩效。在长期的公共管理实践中，已经形成了一套有效的控制系统，它是公共管理机构产生良好绩效的重要保证之一。

公共管理机构在控制系统中的主要作用是：

（1）授权或委派。通过向系统中的执行机构授权或委派代表进行控制。

(2) 信息沟通。在高层次范围内和新闻媒介接触中，宣传公共管理机构的措施和目的，解答质疑，澄清是非。

(3) 管理考核。制定科学的管理考核制度，明晰各下属机构、部门的权利、义务。

(4) 汇报检查。定期对公共管理过程进行汇报和检查，评定管理成绩。

2. 控制过程

控制是权力的体现，对人们的行为进行具体的引导。控制不是既定要素的简单投入过程，它着眼于措施或目标执行程序中输入的调整，以达到预期的结果。

控制系统是由高级管理层设计和制定，而由中低级管理层实施的。但是在实施的过程中，重点不是系统本身而是具体执行的人。对具体实施者必要的干预不是靠施加压力，而是更富有人情味的调整，作用的渠道主要是增进沟通和合法领导机制的建立。在高层管理人员看来，需要通过下属来传达、实现他们的控制目的，并在处理问题时赋予其相当的灵活性。因为当接到上级的指示时，中低级管理人员需要将其扩展和细分，然后再逐一付诸实施。

对于控制过程进行简要叙述：控制是对结果的检查。控制的目的是确保任何时候任何管理行为均与计划、既定的程序和原则相一致。控制是一个比较、讨论和评判的过程，它可以起到推动计划制订、强化组织过程、提高上传下达的效率、促进协调的作用。

(二) 高级管理层的控制系统

在公共管理中，高级管理层行使控制权力是以一定政治因素为基础的。控制中的政治因素在两方面起作用：一是在公共管理机构运行的外部环境；二是在公共管理机构运行的内部环境。在高级管理层中，政治因素的影响作用是举足轻重的，这与中低级管理层相比具有很鲜明的特征。

1. 外部控制

任何一个公共管理机构的控制系统是由法律来规定的。它规定设立该机构的目的，界定高级管理层的权力，决定哪些权力可以对外或向下属授权。高级管理层要从大量法律条款中明了他们行使控制的权力。高级管理层将自己定位于“看门人”的角色，在本机构与授权机构之间起到“看护”作用，以准确理解权力授予的内容和范围，避免因授权不当造成被动的局面。

2．内部控制

公共管理机构内部的控制程序反映了高级管理层行使控制权力的意志。它要求高级管理层必须先准确把握如何以及在什么范围内行使自己的控制权。高级管理层基本控制权体现在以下方面：一系列正式的指示；准确计算下属完成某项任务所需要的时间；确定工作中哪些方面需要调整，以和最终目标相一致；决定哪些行为需要纠正，哪些目标需要及时修正；确保新的指示和目标相符。

在公共管理繁杂的管理事务中，高级管理层应遵循以下基本原则：第一，所下达的指示必须在自己的权力范围内；第二，在下达指示前，充分考虑下属能否接受，尽量减少下属抵制指示的可能性；第三，尽量控制下达指示的数量；第四，向下属说明评价工作成绩的标准；第五，在众多工作和活动中，选择部分内容（尤其是有明显争议的内容）进行示范性检查，清楚阐明要求。

（三）中低级管理层的控制

控制是对管理行为的调节，使之和预期的目标相符。对中低级管理人员来说，他们的控制重点是执行的结果。他们执行上级制定的目标、计划和标准，并在实际行动中对照检查。当他们认为结果会和目标相符时，就拍板批准具体操作者执行该方案；当发觉执行结果不能令人接受的时候，他们就会考虑对其进行干预并加以纠正。

中低级管理人员在公共管理控制系统内行使其控制职能，他们发挥作用的主要途径是充分使用被授予的权力。在此基础上形成了公共管理计划、组织、协调、控制等职能之间的互动关系。

第三章　公共管理能力

第一节　应变力

一、应变力的概念

所谓应变力是指当事人遇到任何状况都能做到随机应变，而不仅仅是按照计划进行，能够具有对新事物或事物所在的环境变化有较好的判断和转化的能力。对于政府行政人员来说，应变力是特指政府行政人员应对公共危机事件的能力，主要包括在危机事件发生后，能够及时有效地掌握相关的信息，准确捕捉带有潜在性、倾向性的危机问题，制订具有可行性的预案，快速反应，及时处理，争取把危机问题解决在萌芽状态，正确认识和处理各方面的矛盾冲突，积极沟通协调各方利益关系，判断准确，行动果断，善于整合各方资源，面对突发的危机事件，也能科学分析决策，把握事态发展情况，使危机事件给公众的财产、生命造成的损失降到最小的一种能力。在当代社会，应变力应该是每个人都必备的能力之一。对于政府行政人员，特别是高层的行政领导来说，应变力更是必不可少的。政府公职人员的应变力主要是指应对公共危机和突发事件的能力。

关于“突发事件”的定义很多。广义而言，是指一切突然发生的危害人民生命财产安全，直接给社会造成严重后果和影响的事件。它既包括人为因素造成一切突然发生的危害人民生命财产安全，直接给社会造成严重后果和影响的事件，也包括自然因素造成的一切突然发生的危害人民生命财产安全，直接给社会造成严重后果和影响的事件。我国自然环境具有地域辽阔、人口众多、地形复杂的特点，自然灾害严重且多发；作为最大的发展中国家又经历着社会转型和体制转轨，安全生产的基础薄弱、事故灾难频发；公共卫生形势严峻，对社会稳定和经济发展带来不利影响。总的来说，我国突发事件形式多样，各类突发事件又常常关联交叉，或者某类事件还未解决又衍生出他类事件，所以公共安全形势严峻，突发事件的管理更显重要。

国际上研究危机管理的学者把危机定义为：对一个社会系统的基本价值和行为准则产生严重威胁，并且在时间压力和不确定因素极高的情况下，必须对其做出关键决策的事件。公共危机就是社会运行过程中，由突发事件引起的可能危及公共安全和公共秩序，需要政府及其他社会主体迅速采取措施应对的危急情况。

突发事件与社会危机之间有着十分密切的关系，二者都是消极事件，都会造成损害和负面的影响；但是，二者又是不同的，公共危机往往是由某个事件为导火线，也就是说，在某些情况下，突发事件可能会进一步发展成为公共危机，公共危机由突发事件引发，但是突发事件却未必一定发展成公共危机。

二、应变力的特点

要应对危机事件，发挥好应变力的作用，首先最重要的是要有信心，充分的信心是战胜各种困难的一大法宝。应变力强的人首先必须是自信的人。在面对危机事件时，谁也无法完全预测到事态的发展走向，不知道应急决策是否合理有效。所以只有拥有足够的信心，才能勇敢坦然地面对未来发生的一切，做到处事不惊。如果政府行政人员对自己的能力没有信心，对于应对危机的政策没有把握，那么危机发生时，人民群众也就无法完全相信政府。要充分发挥应变力，自信是必不可少的。自信是应变力的内在特点。

再者，危机事件具有突发性的特点，所以应变力非常注重时效性，在危机事件发生的初始阶段，及时地提出针对事件的解决方案，是非常关键的。时间也是应变力的重要特点。如果要评判一个人是否具有较强的应变力，往往可以依据他是否能在事件发生的第一时间，就能及时地做出反应，而且不仅仅是反应要快，处理的方法也要得当。如果只是片面地追求时间效率，不注重处事的效率，即使很快地做出了反应，但未能及时有效地解决问题，也不能称为应变力强。所以，应变力强并不仅仅是追求时间要快，同时要做到高效率。

还有，应变力往往是针对某件具体的事物产生的应对能力，所以往往具有极高的针对性。每个危机事件都具有自身不同于其他事件的特点，所以要发挥好应变力就要针对不同事件，做好应对工作。当然，这也并不是说每个危机事件是没有联系的。应变力的发挥，同样注重经验的累积和原理的贯通。经验是财富，是过往应对危机事件时一点点慢慢累积起来的。所以应变力也具有经验性的特征。现在所面对的危机事件可借鉴以前的方法处理，又可作为未来应对危机事件的参考。事物之间总是处于联系之中，即使外在表现形态不同，但处理方式和原理却是可以相通的。经验是提高应变力的主要素材，在经验中吸取教训，取长补短，只有这样应变力才会不断提升。

三、应变力的内涵

所谓应变力，简而言之就是随机应变的能力。具体来说，行政人员应变力主要包括以下几点。

（一）敏锐的预警监测能力

虽然危机事件具有突发性，但也并非完全的“无风起浪”，要产生质变也需有量变的积累，所以行政人员在平时就要保持敏锐的触觉，就要善于抓住那些初具端倪的表面现象，善于发现一些异常的社会事件。危机事件随时都有可能出现，这种不可预测的特点也就决定了行政人员要不断提高预警能力，即在把握规律性和必然性的基础上，做好预测工作，对未来可能发生的危机事件的可能性、危机事件的危害程度进行分析，对危机事件的现象、起因进行详细观察，对所获得的有限信息进行处理，使工作具有预见性和前瞻性的能力。只有这样，各级行政人员才能在危机事件爆发之后，不会感到惊慌失措，不知道如何无法应对，从而减少损失。

(二) 准确了解事发原因的能力

当前的中国正处在危机事件的高发时期，虽然各类的危机事件往往是以偶然的形式出现，让人始料未及，但是偶然性背后却隐藏着必然性。危机事件的产生有很多方面的原因。改革开放以后，中国开始全面融入世界，我国危机事件出现的原因也更加多样复杂。除了频发的自然灾害以外，还有政治经济问题、环境资源问题，以及我国一直亟待解决的贫富差距问题、就业问题、教育问题等，每个方面都可能引发社会危机。危机事件发生时，控制事态的发展使其不再扩大，重要的是在掌握各种情况后，透过现象看本质，科学地分析，迅速找出事件的症结所在。所以及时分辨了解危机事件发生的原因，找出危机产生的根源是行政人员应对危机事件的必备能力。

(三) 制定可行性方案的能力

危机事件具有发生突然、破坏性强、需及时处理的特点，所以行政人员在面临危机时，需要在非常有限的时间内进行处理，所以要提高处理危机事件的能力，相关部门的行政人员在平时的工作中就应该做好预案。在未发生危机事件时，就要制定完善的危机事件应急方案，并且该方案的行动措施要具有灵活性，根据危机事件的形势和具体情况进行变化。行政人员必须针对各种不同类别的危机事件，制订周密、全面、可行的应急预案。只有做到居安思危，科学预案，“防患于未然”，处理危机事件才能更加顺利，更加有效。制订可行性预案也是提高公务员应对危机事件能力要做的重要工作之一。

(四) 科学决策有序应对的能力

危机事件要求行政人员在事件发生时，要立即制订应对的措施和策略，危机事件的应急决策是属于非程序化的决策。此时，若按照平常的决策程序按部就班地进行决策，就会延误时机，有可能造成不可挽回的损失。行政人员在应对危机事件时，一定要保持冷静的头脑，保证决策的科学性，不能为了争取眼前利益而牺牲长远利益。行政人员要在有限的时间内，制订非程序化的应急决策，这对行政人员的智慧、经验、能力是个考验。危机事件常常与公众的利益息息相关，在应对时一定要把握好分寸，不能过度也不能不作为，要有序应对，要做好公众的思想工作，增强公众的信任度，赢得公众的配合与支持，灵活利用预案应对危机事件。

（五）良好的沟通与协调的能力

在应对危机事件时，良好的沟通与协调能力不只体现为与公众的充分沟通与协调，获得民众的理解与支持；还包括政府内部纵向沟通，即及时地与上级部门做好沟通协调，汇报危机事件的有关情况；以及横向沟通协调，部门之间做好相关信息的交流和工作的分配合作。有序地应对危机事件，离不开有效的沟通与协作。良好的协调能力主要是对各种资源的合理配置和有效利用。沟通与协调的能力直接影响应对危机事件时迅速反应的能力，以及处理危机事件的工作效率。有效的沟通与协调需要各方利益进行良好的对话，从而增进了解达成共识，共同面对危机，渡过难关。所以，良好的沟通协调能力是应对危机事件工作中必不可少的内容。

（六）完善的事后安置能力

应对危机事件应该是个完整的系统工程。不但包括危机发生前的预案准备，危机爆发后的果断处理，还应该包括危机之后的安置善后工作，三个环节联系紧密、相互作用、缺一不可。因此，在危机过后的恢复善后阶段，要根据管理的相关政策和决策进行责任追究和奖惩，做好相关的安置工作。要尽快使社会恢复常态、机构正常运作、生产生活回到正常。行政人员应该具有全面系统的工作意识和善后安置的能力，才能展开有效的重建和安置工作，更好跟进受害群众的各种需要，使危机事件全面解决。

四、应变力的原则

（一）快速反应，及时处理

突发性是危机事件的主要特征之一，危机事件往往来势迅猛、发展快速、危害极大，由于时间紧迫，危机爆发后的每一分钟都至关重要，如果政府无法立刻反应，只会使危机进一步扩展，从而造成更加严峻的后果。

危机事件发生后，政府要在最短的时间，及时分析形势，做出最快的反应，采取最必要的措施，以积极的态度赢得时间，以正确的措施赢得公众信任。只有这样政府才能摆脱被动的局面，掌握主动权，从而缩小危机事件影响的范围和程度。而且危机事件发生的初期，破坏性的后果并未完全显露出来，及时处理可以避免错过解决危机事件的最佳时机，减少相关损失，控制事态恶化。

（二）尊重生命，以人为本

保障公民的健康和生命财产安全是政府履行社会管理和公共服务的职能之一，在应对危机事件时，抢救生命与保障人民基本的生存条件，是处理危机事件的首要任务。同时，还应该最大限度地保护参与处理危机事件的工作人员的生命安全。生命权是人与生俱来的权利，对人的生命权的尊重，是“以人为本”的重要体现。因为危机事件往往给公民生命和财产造成威胁，秉承“以人为本”的理念就是要在危机事件发生后，即使付出再大代价也要挽救最大多数人的生命。

（三）统一领导，分层管理

危机事件发生后，稳定局势、协调行动、安抚人心都需要权威领导机构、领导人物及时介入，及时发布事件有关的信息，出台处理危机的相关决策，决不能在请示报告中延误时机。应该在党中央、国务院的统一领导下，建立健全分级管理的体系，实施领导负责制，充分发挥应急指挥系统的作用。在危机事件的应急处理中，上层领导往往起着主心骨的作用，但是在目前我国体制下，危机发生后最先介入的往往是基层政府。所以一般而言，在危机应急管理中，先有地方政府的危机管理，然后才是中央政府的危机管理；先有层级较低的地方政府管理的危机管理，然后才上升到了较高的地方政府管理的危机管理。每个层级的政府对控制危机事件管理都有不可推卸的责任。

(四) 有效沟通，协调一致

危机事件处理是一个整体的工作，它涉及很多不同部门和层级。危机事件越复杂，涉及的部门和层级就越多。此时，保持畅通的沟通渠道，显得尤为重要。不仅是与公众进行有效的沟通，及时把公众须知应知的消息发布出去，树立负责的政府形象；政府内部也要进行有效的沟通，既要保持有效的纵向沟通，也要保持横向的有效沟通。危机事件发生时，社会可能会出现一定程度的失衡，内外部有效沟通的同时也要做到协调一致。由于参与危机处理的人员往往来自不同的部门或机构，包括武装官兵、军队、医疗救助、消防、搜救、通信、志愿者等，因此，在应对危机时怎样使他们协调一致就特别重要。危机事件发生后，政府各部门各层级之间要实现协商运作，明确各自的相关职能，同时，政府也要优化和整合社会的各种资源，发挥整体的最大功效。

(五) 依法管理，坚持法治

依法行事是危机事件管理的基本要求，危机事件属于非常规非程序性的问题，政府在应对危机事件时，拥有很多社会常态下不具有的特殊权力，但是行政人员也不能以此为理由背离法治的轨道，无视受众的权力。而且在一些重大的危机事件中，可能涉及宗教、国际关系、民族问题等敏感领域，处理起来必须小心谨慎。因此，在应对危机事件的过程中，政府权力运作的合法性非常关键。坚持法治要求在危机发生时，行政人员要依据法律来行使手中的权力，明确自己的职责。

五、应变力的方法

危机事件发生后，政府行政人员必须处变不惊、积极稳妥地应对危机。为使事件不扩大、不升级、不蔓延，选择适合且有效的方法策略是关键。方法是否运用得当，可能关系到整个危机事件处理的成败，通常来说，应对危机事件的方法有以下几种。

（一）心理控制法

由于危机事件往往具有突发性和破坏性，所以危机事件的发生常常会给社会公众的心理带来压力和巨大冲击，造成群众的思绪混乱、不知所措。因为绝大多数人都无法快速准确地了解危机事件的起因和性质，更无法科学推断和预断危机事件的发展趋势。这也就使得危机事件发生时，社会公众处于恐惧和不安之中，一旦处理不好，群众的心理和行为可能就会向不利于危机事件处理的方面发展。因此，在危机事件的处理中，安抚社会群众的心理压力，稳定他们的情绪是首要任务。

首先，政府行政人员要从容镇定。每个人都会存在一种跟从他人的心理，即受他人活动的影响，自身也会从事与他人同样的活动。特别是在心绪不稳、摇摆不定的时候，越是容易跟从他人的行为，产生遵从的心理。所以，在危机事件处理的现场，政府行政人员必须沉着冷静，万万不可惊恐急躁。这样群众才会觉得有安全的依靠，心理压力才会减轻。其次是要转移公众的注意力。一般来说，每次危机事件发生时，公众的注意力常常只会集中在一两个问题上，如个人财产相关或是一些敏感、热点的问题之上，通常不能顾及那些全局性的问题，有时甚至为了保全自身的某些利益，影响全局性问题的解决。在这种情况下，政府行政人员就需要采取有效的措施，转移公众的注意力。常用到的方法有：政府行政人员要对群众进行说服诱导，找到双方利益的共同点，使公众认同政府处理危机事件的主张和措施；还可以运用归谬法或引申法，引导公众意识，使公众了解危机事件失去控制可能会出现的不良后果，使大多数人的情绪态度有所改变，站到组织的立场上，使事件的处理更加顺畅。同时，政府行政人员也要站在公众的角度，对于公众提出的可以理解，并且合理的方面，做出让步或许诺。

（二）组织控制法

危机事件发生后，政府行政人员很难以个人之力，解决事情，往往是依托所在组织，来指挥面对危机事件。所以在应对危机事件的过程中，组织作为重要资源，往往发挥着不可代替的作用。组织控制是指在应对危机事件时，要对组织内部、广大群众进行正面教育，使大多数人对于危机事件有清醒的认识，稳住自身组织的阵脚，避免危机扩大。对于自然灾害方面的危机事件，要做到立刻组织救灾，防止危害扩大波及更多地方。要使整个灾害救助工作处于粗制严密的控制下，避免出现无人负责或者多人负责、打乱仗的现象。

（三）釜底抽薪法

危机事件发生后，总有社会群众会被影响，甚至被卷入其中。一旦处理不好，无论什么原因，都可能对局势造成影响。因此，政府行政人员面对此类群众时绝不能火上浇油，激化矛盾。“扬汤止沸，不如釜底抽薪”，这才是治本之道。根据不同的情况，政府行政人员可以采取不同的方式。对于有组织的社会危机事件，可以弱化对方的凝聚力。具体做法是：要在完全了解情况的前提下，准确地找到对方目的，以及发现对方行为的破绽作为突破口。通过强大的宣传和舆论攻势，揭露事件幕后策划者的目的，指出其行动的实质。同时，还应大力宣传组织的政策，向参与群众讲清组织的规划目标，规劝参与者冷静思考，要站在真理那一边，同时要与各种不良的现象作斗争。组织还应做到晓之以理、缓解气氛。危机事件的参与者往往是想达到某些目的才会参与其中，希望能直接传达自己想法。政府行政人员要充分掌握参与者的这种心理，通过正面的接触，缓解紧张气氛，从中了解危机事件的起因和性质，更好地控制事态发展。在面谈的过程中，政府行政人员要坚持原则，旗帜鲜明，但是同时也要表达出希望圆满解决问题的诚意，团结教育大多数的群众。

六、应变力的培养途径

危机随时随地都可能发生，提高我国政府行政人员的应对能力已经刻不容缓，我们可以从以下几个方面入手来提高政府行政人员的应变力。

（一）加强教育，提升行政人员危机意识

危机隐患无处不在，且难以预料。增强危机意识，做应急预案，是提高公务员应变力的基础。这就要求政府行政人员树立危机意识不松懈，做到居安思危。所以，有关部门要加强政府行政人员应急培养课程的设置，加强对行政人员的教育，强调保持危机意识的重要性；行政人员也要刻苦学习，认真了解可能出现危机的领域，无论是哪种类型的突发事件，还是更为严重的公共危机，其应对方式都要有所涉及，还有应急预案的设置和使用也要充分学习，做到未雨绸缪。要提高行政人员的应变力，首先在思想上就要做好充足的准备，时刻保持高度的警觉，不能存在侥幸心理。危机事件发生突然，危害严重，且不能按照常规的程序进行处理，如果不能及时处理控制局面，可能使事态进一步扩大化。因此，增强政府行政人员的危机意识，对于增强政府行政人员应变力具有重大意义。

（二）开展培训，提高危机应变力

培训是提升政府行政人员素质的重要途径，也是提高政府行政人员应变力的重要途径和方法之一。认识到加强政府行政人员培训的重要意义，培训出能从容应对各种突发事件和公共危机的高素质、专业化的政府行政人员，是我国社会和经济发展的客观要求，也是适用中国特色社会主义现代化建设的需要。我们应该把政府行政人员应变力的培训作为重要议题，落实到位，把我国行政人员应对突发事件和公共危机的能力提升到一个新的水平。为了应对危机事件的需要，不仅要培养教育政府行政人员的危机意识，还应该培训政府行政人员处理危机事件的能力，同时也要培训政府行政人员的心理素质，进一步提高其处事不惊、迅速

反应的能力。除此之外，还需要在培训中进一步提高政府行政人员的专业应对能力，包括应对时事故处理的方法和手段，相关的专业学科知识和业务知识，使其知道相关的方法和程序。只有掌握全面的危机知识和技能，政府行政人员才能在应对危机事件时做到心中有数。因而，对政府人员开展培训是提高他们应变力的重要途径之一。

（三）实况模拟，加强实际演练

政府行政人员只学习应对危机事件的理论知识是不够的，更重要的是要将它运用在实践中。政府行政人员可以通过危机事件的模拟和演习，切实地体会危机事件的处理过程，以此来积累经验，锻炼自身的应变力。随着社会的发展，总是有新的问题出现，这要求政府行政人员不间断地提升应对技能。政府行政人员可以模拟危机事件实际可能发生的状况，在模拟演练中锻炼自身的应变力，增加各部门机构之间的协作，增强应对危机的熟练性与自信心，检验预案的可行性，完善危机处理的有关程序。通过演练，可以使政府行政人员真实体验参与应对危机事件的感受，训练应对危机事件的能力，同时也训练他们在危机事件中的心理状态，学会在危机事件中保持冷静的头脑，只有保持冷静才能科学理性地应对危机事件，不会陷入混乱的状态。另外，模拟演练能够让政府行政人员在实践中掌握应对危机事件的基本技能，以及处理危机事件的有关知识，当真正发生危机事件时，政府行政人员就可以根据演练时的经验，对相关情况进行处理。

（四）完善机制，建立评估体制

政府行政人员应变力要提高，需加强机制建设，尤其是制度的建设与创新。首先从制度上就要规定危机应对能力是每个政府行政人员必须具备的通用能力。同时，还要建立起责任追究制度，责任追究制度的建立能迫使政府行政人员主动提高自身的应变力。培训在提高政府行政人员的应变力方面有着不可替代的作用，但也不能只依靠培训来提高政府行政人员的应变力，还应该设置配套评估体制，用制度来约束公务员的行为和做法。

第二节　决断力

一、决断力的概念

所谓决断力，就是组织管理者在管理过程中的决策能力。任何组织的管理工作，都经常存在各式各样的问题，需要研究对策并决定采取合适的措施加以解决，这个过程就是决策过程。组织在实行决策时，一方面需要有应该达成的既定目标；另一方面需要能达成目标的可利用的代替方案。也就是说，决策需要有“目标”与“代替方案”这两方面的因素。

二、决断力实施的原则

现代社会飞速发展，管理工作也日益显现出多元化、综合性、系统性等复杂特点，这就对管理者的决断力提出了严峻的挑战。管理者在决断时要注意决策的科学性，即管理者在决策时要按照科学理论和客观规律办事。要做到这点，首先需要在制定和执行每一项决策时都必须在科学理论的指导下进行。再次，决策的内容本身就是要遵循所涉及领域的科学理论，合理地利用科学的理论来解决决策所需要解决的问题。再者就是管理者自己要不断提升自己的能力。要精通相关管理业务，熟悉决策相关的程序和原则，并且能够熟练地运用决策科学来解决实际问题。

管理者在决策时要做到实事求是。管理者在做每一项决策之前，都要充分地掌握相关的信息，接着再根据实际情况进行全面综合分析，综合地考虑眼前利益和长远的利益、整体和局部的利益。首先，决策之前管理者要掌握的信息是在过去工作中出现的成绩、经验、困难或问题。其次就是要理解相关的文件、报告、法律法规，要查阅相关的国内外资料，进行参考学习。最后还要重复利用已有的资料信息。资料信息越多、越具体准确，决策就越科学合理。但是需要注意的是，如果资料信息不准确，或者已经过时，则会给决策带来误导。

决策者在决策时还应注意要按规则和程序操作。决策虽然在某种程度上来说是管理者个人的行为，但是并不是个人能够随意决定的，必须严格地按照规则和程序进行。管理者在提出决策的草拟初稿后，应该经过所有有关部门的讨论，提出修改意见，有需要的话可以委托研究机构或者咨询公司对决策进行完善。决策的跟踪、反馈都是至关重要的，要根据反馈信息，及时对决策进行修改完善，从而使决策者的管理水平不断提高。所以决策者在进行决策时一定要按规则和程序操作，减少决策时的盲目性和主观随意性，提高管理效率。

决策的正确与否至关重要，但是决策效率也是评价管理者工作好坏的重要标准，还是评价决断力和管理水平的重要因素。

一项决策要实行，其最为关键的一个原则就是可行性。决策必须具备实施的现实条件或者通过努力创造出可以实施的条件。决策必须具有可行性，不然也就失去了它存在的意义。决策的可行包括经济上可行和技术上可行，没有财力的支撑，什么事都办不成。同样，实施某项决策如若没有技术的支持，也不可能顺利实施。所以决策确定后，要论证检验。检查它是否存在缺陷，是否是可行的，如发现问题，就继续对决策进行修改和完善，这样才能得到更稳妥、更科学的决策。

三、决断力的地位和作用

决断力是组织管理者不可缺少的能力，所以决策是管理活动中不可缺少的重要内容，因为它的正确与否直接影响和决定着管理工作的成败。如果决策出现失误，必将严重影响管理职能的履行和行政目标的实现，甚至会影响整个组织的安定。因此，决策在管理活动中具有十分重要的地位和作用。具体来说，表现在以下几个方面。

（一）决策是管理活动的基础和首要环节

大致来看，管理活动包括两个方面，即决策活动和执行决策活动。在这两者当中前者更基础，只有先有了决策，才可能去执行，整个管理过程可以抽象为“决策——执行——再决策——再执行”这种循环往复的活动。如果决策错了，执行效果必然很差。决策的科学、及时和正确，是保证执行取得良好成效的前提。

（二）决策贯穿于管理的各个方面和各个步骤之中

组织一般都是一个规模庞大、性能复杂的有机系统。在这一系统中，无论是一般的部门还是关键的部门，无论是领导者还是一般的工作人员，为了处理各自的事务，都不可避免地经常采取这样那样的决策行为，对于领导层的管理者来说更是如此。而且，无论是哪一个部门履行哪一种管理职能，无一不以决策作为基础。决策贯穿于管理过程中的每个环节，贯穿于组织的各个层次、各个部门和各个方面。

（三）科学的决策是管理的关键性环节

决策质量的优劣决定着政府工作的成败，也关系到行政效率的高低。科学决策为正确实施管理行为奠定了基础；决策失误，将导致满盘皆输和危及组织以及社会的恶果。因此，决策的科学、合理在整个管理过程中起着举足轻重的作用，这也是改善管理效果的最关键和要害的环节。

（四）决策的突出作用在现代社会中将进一步得到加强和凸显

首先，从广度上来看，决策所涉及的范围越来越广泛，渗透人们工作生活的方方面面，因此决策对人们的影响力越来越大。其次，从深度上来看，决策的影响程度在现代化社会的发展中越来越大、越来越长远。因为现代社会的重大决策往往涉及组织的发展战略，关系着组织的生存与发展。再次，从影响的速度来看，由于现代社会生活节奏的加快，各种现代信息技术的存在，使现代社会的决策将迅速影响组织管理的方方面面，其连锁效应既广又快，将对组织管理产生重大的快速的影响。

四、决断力实施的程序

决策程序是指行政决策过程的先后步骤和逻辑顺序。本书对决策的一般程序作如下的概括。

（一）确定决策目标

确定决策目标是决策过程的第一步骤，也是决策工作的前提。决策目标是决策者期望达到的状态，也是组织和组织人员为之奋斗的目标。如果决策目标不明确，就无法选定决策方案，而在决策实行后也无法对决策的成效作出评价。由此可知，确定决策目标事关整个决策工作的成败。

（二）信息收集

信息是决策的基础和依据，科学决策的过程实际上就是一个信息输入、输出的过程。确定决策内容要靠信息收集；制定决策方案要靠信息分析；决策付诸实施要靠信息传递；落实和完善决策内容要靠信息反馈。可见，没有信息，决策就会成为无源之水、无本之木。要深入实际、调查研究、掌握动态，有意识、多渠道收集信息，实地调查、看材料、听汇报，通过大众媒体、政府网站，有目的、有组织、有计划地收集信息，为决策提供科学依据。

（三）方案拟定

在确定决策目标之后，必须通过决策者创造性的思维活动，拟定出各种可能的方案以供选择。所谓方案，是人们为实现决策目标而采取的手段和途径。首先，要大胆寻找备选方案，使备选的方案尽可能多。其次，要精心构思和设计方案。方案构思既要发挥决策者经验和知识的作用，也要充分发挥决策主体的想象力和创造力，对拥有的各种不同信息、按照新观点进行排列组合形成备选方案架构。在构思方案基础上，要精心设计方案，即对方案的措施、方法、后果进行研究与论证，形成有实践意义的行动方案。最后，经过精心构思和设计的方案之间要有可行性和互斥性。方案之间的互斥性，是指各个备选的方案有明显区别，是互相独立的。

(四) 方案抉择

备选方案有多个，究竟哪一个备选方案更好，能实现决策目标的要求，必须进行评价和比较。评价选择方案有一定的标准和方法。衡量备选方案优劣、好坏的标准主要有：

(1) 方案具有明确的目标。任何一项决策都是为了达到一定的目标，因此，评价方案优劣必须用是否实现决策目标去衡量，越是接近决策目标的方案，自然就是最佳方案。

(2) 方案具有经济合理性。要计算每一备选方案的成本和产生的效应。成本低、效益高的方案，也就是好的方案。

(3) 方案具有技术上的先进性和可行性。要分析各备选方案在技术上的可行性和领先程度。

(4) 方案承担的风险性要尽量小。

五、决断力的方法

(一) 名义小组法

名义小组法顾名思义就是说这种决策“名义”上是小组决策，实际上在其中大量地加入了个人决策的成分。它的基本过程是首先由个人对问题做出决策，然后由小组一起讨论这些决策，最后再由个人选择最终的决策结果。适用于正确度要求不太高，时间比较紧迫的情况。它实施的步骤如下所示。

1. 介绍问题

将需要决策的问题分发给参与决策的小组成员，或者直接在会议上当面将问题讲出。但是名义小组法要求在任务说明加上要附带足够的解释，以便小组成员能够完全掌握问题的本质。

2. 个人决策

名义小组法并不是纯粹的小组法，在小组决策之前，首先由个人进行决策。每位小组成员在一段时间（大约十分钟）内默默思考，并写下尽可能多的想法。

3．收集信息

邀请小组成员轮流大声地说出每一个想法，决策组织人员将所有的想法写在活动挂纸上；如果两人或多人想法一致可以合并为一个想法。注意这时候不允许讨论这些想法，甚至不用对问题或想法进行任何解释。

4．小组讨论

轮流讨论每个想法。在讨论的过程中，只有当想法的提出者同意时才可以修改它，或者只有一致同意后才可以把想法从列表中删除。讨论可以解释意义，阐明逻辑或者分析过程，提出并回答问题，或者表示同意与否。

5．形成决策

经过几轮讨论后大家对问题和列出的方案都已经比较熟悉，最后由小组成员单独对每一项评分，分值可以按 1 至 10 分，决策组织人员最后对所有的评分汇总，然后找出分值最大几项作为决策结果。

使用该方法要几个方面要注意：首先，名义小组法通常包括优先顺序的排列过程，但是单独使用“头脑风暴法”很有价值，所以本书将这两个过程分离开；其次，所有想法的讨论应该是平等的，决策组织者不应让讨论变成争论。讨论的初衷是阐明想法，而不是解决观点间的差异。

（二）名义小组互动方法

这是在名义小组方法上所做的进一步改进。其具体步骤如下；第一步是沉默思考列表；第二步是彼此轮流记录；第三步是休息室游说；第四步是集体讨论；第五步是休息室游说；第六步是最初的优先顺序；第七步是休息室讨论；第八步是最后的优先顺序。这一程序最主要的是加入了三轮游说，此时需要一个特别的房间，并摆上点心供回见休息使用。大约每次有 30～45 分钟的时间允许成员达成共识并互相游说。当发生冲突而特别需要成员间的和解时，这些步骤就显得极有价值。在另一天重复第3～8个步骤。像这样的暂停会议能自然地驱使人们达成共识并相互游说以求融合。小组领导者可以更直接地要求成员在暂停会议时达成共识、交流意见、挑战他人论点并进行辩论，成员可以询问他人的优先顺序和理由。三轮游说是必不可少的，只有这样，最后就优先顺序问题所进行的表决，才能代表特定小组有可能达成的共识水平。通常，第一轮游说辨识观点的多样性；第二轮游说成员开始接受或抛弃某些思想；第三轮游说之后，在重新理解的基础上形成判断。

六、决断力的培养途径

决断力是管理者的基本能力，它贯穿并影响着整个管理过程，因此，提高管理者的决断力是提高管理者能力和管理素质的重要一环，具体方法和途径主要有以下几种。

（一）提高内在素质

管理者的内在素质决定了领导活动的决断水平与能力。欲提高管理者的决断力，就必须从根本上提高其内在素质。

1. 政治素质

政治素质是决策者的灵魂，是决策者全部素质的集中体现。组织管理者要有坚定的政治立场，鲜明的政治态度，明确的政治方向，高度的政治觉悟与崇高的政治品德。

2. 知识素质

首先是要学习、借鉴历史上成功决策的过程和方法，研究决策失败的原因，增长自身决策的才干；其次是要掌握与自己工作相关的专业知识和技能；再者要完善、优化自己的知识结构；最后是要掌握现代科学知识，适应复杂多变的领导工作的各种挑战。

3. 创新意识

这主要是指领导者在决策过程中的观念及气质上的创新。创新能力是领导者决策活动的生命。领导者要洞察领导活动环境的变化，根据领导活动的目标，在领导活动中，通过综合分析，抓住主要矛盾及矛盾的主要方面，挖掘各方面的潜力，打开工作局面，创造工作业绩。同时，领导者要形成卓越的创新精神，树立时间观念、竞争观念、信息观念和权威观念。

4. 民主意识

这是指决策过程中领导者充分尊重下属和相关人员的意见，使他们具有主人翁意识，发挥他们的积极性和创造性，在领导决策过程中，民主不仅是一种政治制度，更重要的是要体现民主作用，即依靠群众科学制定决策，依靠群众顺利实施决策。领导者要提高民主意识，深入实际，调查研究，联系群众，集思广益，广开言路，按照科学的程序和方式实施真正的民主。

（二）搜集处理各种信息

现代社会是信息的社会，衡量领导者决断力的主要标志之一就是在决策过程中能否掌握、运用信息。领导者要提高搜集和处理信息的技能。首先是要提高对信息重要性的认识，树立决策必须基于丰富信息的观念；其次就是要有强烈的获得信息的欲望；再者是要研究收集信息的方法；还有就是要善于搜集真实、及时、全面的信息，杜绝信息滞后和信息传递偏差的现象；最后是要提高对信息进行分析和处理的技能。

（三）发挥“智囊团”的作用

现在社会发展日新月异，领导者在科学决策时单靠自身的内在素质是不够的，重要的是集他人的思想和智慧为我所用，发挥智囊团或“外脑”作用，已成为现代领导者科学决策的必要条件。要更好地发挥智囊团的作用，领导者要做到：

（1）善于团结专家和智囊团队，要真诚地与他们交朋友。

（2）鼓励专家、智囊人物畅所欲言，对提出有价值意见的人，要给予表扬和奖励。

（3）要让智囊团独立工作，不要盲目干预，杜绝把智囊团混同于秘书班子的做法。

（4）要把握智囊团只能为领导决策服务，不能代替领导者决策的原则。同时，领导者既要重视智囊团工作，尊重其劳动成果，又能对他们的意见进行科学评估，视情况而用。

（四）听取反面意见

领导者要努力创造各抒己见、百家争鸣的决策环境，同时要善于听取不同意见甚至反面意见，善于从反面意见中汲取营养。因此，领导者要做到用诚心换取他人信任，公正不阿，不论亲疏，不盲从资历高者意见，坚持认理不认人，以意见的价值为准绳，设法为不同意见者提供机会，不要对反面意见进行指责。

（五）增强识别和决断能力

在决策方案中，有时意见良莠并存，有时不同意见针锋相对。这就要求领导者具有较强的识别和决断能力。领导者提高决断能力的方法有：领导者要增强驾驭知识的能力，以自己广博的知识和科学的思维方法战胜谬误；领导者以实现领导活动的目标为原则，善于摆脱“当局者迷”的束缚；培养处理问题的果断性，既要谨慎认真，又要当机立断，克服优柔寡断、拖泥带水的作风，培养坚韧不拔的意志力。

第三节　执行力

一、执行力的概念

所谓执行力，就是把战略意图、预定目标变成现实操作的能力。执行力并非单一素质，它是多种能力的结合与表现。因此，执行是命脉。目标与计划固然是重要的，但是只有执行力才能使之体现出实质的价值。

行政执行（Administrative Implementation），特指以国家行政机关为主体的多元社会组织，为了落实和实施国家意志、国家目标，依法贯彻法律、法规、公共政策的诸多活动的总称。而公共行政执行，则是指公共行政机关及其工作人员为实现一定的政策目标，充分调动各种政策资源（人力、物力、财力、政策资源等），采取一系列措施落实已做出或已批准的公共政策。从时间或过程上讲，公共行政执行发生在决策之后，因此，科学而正确的决策是有效行政执行的前提条件。

公共行政涉及的概念较为广泛，内容也十分复杂。在此可以根据立足点的不同进行简单的分类。从任务的角度出发，可简单分为例行性工作和非例行性工作。例行性工作是指行政机关在公共行政执行的过程中，会遇到很多可能会重复进行的工作，这些工作可能量大，具有经常性。而非例行性工作，顾名思义，指的多是在行政机关执行任务过程中存在的任务型或计划型的活动，包括偶发性事件及特殊事件等。

二、执行力的特征

（一）执行主体中的国家行政机关

国家机关更多的是利用市场的本色作用，处于掌舵的位置，促进企业的自动合法竞争，形成行政执行主体多元化的新局面。行政执行主体包括企业、社会团体、第三部门、社区社团等。在法律约束下，它们受国家行政机关的领导。因此，不得不重视的是行政执行具有法制性。这是行政执行的最基本的特征，国家行政机关作为具有行政主体资格的机关决定了它必须对国家立法机关负责，遵守宪法和相关法律法规，在宪法及法律法规范围内进行国家管理。在法律范围内行使权力，同时也意味着承担相应的法律责任。

（二）执行统一目的性与手段多样性

先有决策，再有执行，执行后于决策，这是理所当然的。执行，简单而言，就是为了实现决策的目标而存在的各种活动，在于贯彻和落实已经成型的国家意志、目的。执行自始至终都在为决策的目标服务，整个过程及全部活动都必须严格服从决策目标的宗旨，目的性很明显，因此目的性始终贯穿全过程。

执行的目标是明确的，但达到目的的手段却是多样的。第一，行政执行价值的多样。行政执行中存在多种价值，包括民主、公正、公平、效率等，这些价值本身存在冲突，而在执行过程中，执行主体需要综合各方面价值考虑，也就是必须考虑到各方面价值的冲突与矛盾。第二，执行方式的多样。执行主体的多元化、执行客体的复杂化、价值的多样性导致了执行方式的多样。而行政机关可以亲自执行，也可以委托第三方或者其他社会组织执行；行政机关可以通过政府单体主体提供，亦可通过市场积极竞争提供，可见，执行方式是多样的。第三，执行效果的多样。以行政机关为例子，相同的国家意志、目的在不同的行政机关手里能产生不同的执行效果；相同的目标在不同的执行手段及方法中，得到的执行效果也是截然不同的。

（三）执行统一现实性与时效性

鉴于决策还停留在文字层面，直接现实性是决策不能直接体现的。但跟决策不一样，执行就是具体将文字转化为实际的行动，因而执行具有直接现实性。国家意志、目的、法律法规、公共政策等，均为抽象意识的存在，只有通过执行，才能将其转化为实在的实施活动。这个特点贯穿在执行的全部活动中，其中需要执行的主体因地制宜，针对正在形成或已经形成的公共问题，就资源、效率、公平等价值因素的考量，运用合适的方式、方法或手段，改变现实状况，努力解决公共问题。直接现实性就是执行的实践性，实践要保持不断创新，与时俱进。

执行很大一个方向就是针对公共问题，直接把目标定位在解决这些公共问题上，而不同的公共问题在不同的时间段有着轻重不一的体现，因而，除了直接现实性，执行也要关注时效性，在必要时期，解决必要的公共问题。执行通常有着较为明确的时间界限，这就要求执行高效而且及时地完成决策的任务。执行应紧紧把握其时效性特点，充分发挥时效性的功能，与时俱进，分析、策略的有用性是其中最为重要的方面，要了解外部环境的变化，具体情况具体应对，并相应调整决策以利于执行的顺利进行。

（四）执行统一灵活性和经常性

以行政执行来说，执行所要贯彻的国家意志、国家目标、法律、法规和公共政策，一般来说都具有一定程度的模糊性。政策边界和作用需要行政执行主体依据法律和政策精神，根据实际情况，通过一定的民主行政过程逐步地界定和明晰。通过“目标—手段链”的逐步展开而最终落实行政执行的最初目标。

执行是把决策的目标具体化，在具体化的实施过程中，会遇到各种各样的状况与问题，这要求执行按照具体的情况具体分析，因时、因地制宜，在坚持原有的大方向大方针不变的情况下，仔细有针对性地开展执行工作，只有这样把握灵活性，才能切实把执行落到实处。而为了更好地实现决策的目标，执行部门需要包揽起系列的惯例性的日常工作，这些惯例性的日常工作也就构成了执行的主要工作内容，周而复始地进行一些相关的工作，也需要从中不断发现新问题，解决新问题。

执行的灵活性与经常性特点还在于：在执行过程中，难免涉及众多的利益调整，利益集团关注的必定是自身的切实利益，这会驱动利益集团不断借助自身的力量，左右执行主体对执行决策与执行手段的选择。

（五）执行的相对独立性和层次性

一项任务一旦启动了，执行机关就可以在原有的组织架构上充分利用资源，对原有的组织进行利用、变革、创新，调节出合理的流程与程序，建设独立的执行领导小组，通力合作以保证执行的高效完成。执行的相对独立性不是凭空捏造的，而是由执行机关、执行权力的性质和特点决定的。执行有异于决策，其基本的价值是提升执行的能力与有效程度。因此，在执行组织活动及执行过程中，应当好好保持其相对独立性，如此可保障执行过程是相对独立，免受外界不必要的因素影响，保证将来国家意志、目的可以畅通贯彻。

行政执行是一项由众多机构及人员共同参与的系统活动。在行政执行过程中，明确分工、各司其职显得尤为重要。一般情况下，上层行政机关的活动是指挥、统领全局；而下层行政机关主要负责落实具体的操作。层次分明利于有条理贯彻及落实相应的行政执行任务。

三、执行力的地位与作用

（一）执行是行政过程中的重要环节

行政执行在公共行政的程序性机制当中占有重要的地位，是连接行政决策（公共政策）和行政评估的中介环节。

设立合理的行政机构，培养高素质的执行人员，健全工作制度，制定正确的决策，这些对完成行政执行任务十分重要。这些因素的作用往往只能通过行政执行才能得以体现。行政组织机构是否妥当，人员编制是否合理，决策是否正确，只有通过行政执行活动才能加以体现。离开了行政执行活动，行政管理过程中的其他职能和环节的功能，都不能得以有效体现。

（二）执行是政策过程的中介环节

首先，政策不可能一步到位并十分完美，它需要在执行过程中不断发现问题，不断解决问题，使其不断地充实与完善。决策者在执行过程中要不断根据具体情况的变化来修正和完善政策的具体内容，以便于及时提高政策的可行性与实操性。此外，执行需要时效性。任何政策都是有时效性的，只有在一定的时间空间范围内发生了影响与作用，才能真正发挥效用，完成使命。旧的政策往往会被新的政策取代，道理便是如此。

一项政策，必须经过执行阶段，才能对其质量、实施效果、目标达成程度进行有效评估，历史检验表明，许多政策失败并非制定的政策不当所致，而是由于执行不力或者执行的过程当中政策被扭曲所致。

（三）执行是检验政策质量的重要标准

所有的政策抉择都是在对若干政策方案进行甄别、权衡的基础上做出的。换而言之，这种行为仅仅是主观范畴的行为。要最终检验、确定政策的质量（即信度和效度），必须执行这种客观实践活动。一般来说，公共政策质量是由合法性、合理性、可行性三项标准来判定的。合法性，指行政执行在形式上能符合宪法和法律的要求；合理性，指公共政策符合经济原则及科学规律；可行性，指公共政策能符合特定的约束条件及执行条件。公共政策质量如何，终究要通过行政执行来检验。

现实复杂多变，决策活动中涉及的内容也是未知的，变量间的关系可能在实践中出现众多的变化，通过政策的执行，不仅可以检验政策，还可以在过程中不断发现问题，不断充实和完善政策，科学的决策也需要执行，在实践中进行更有效、更全面的调整和协调。总之，执行可以检验政策的合法性、合理性、可行性，并以此来不断提高政策的质量。

（四）执行的效果是评价实践的主要依据

执行的效果是完成行政工作的标志，也是管理工作中各效能的整体反映。其中体现的是组织机构设置的科学性、人事管理的健全性、领导体制的合理性、管理手段的灵活性等问题，是否严格按照法律法规的要求，是否严格遵循整个体系整体运行的要求等都得到足够的体现。例如：在人事管理方面，制度是否健全，人员分工是否合理，人事关系是否融洽等；在管理效能方面，办事效率的情况、工作绩效问题、人员工作积极性问题等。这些都会对执行的效果产生直接影响。

经常以执行的效果作为衡量行政工作的指标，及时纠偏，将有助于改进管理、提高行政工作的效率，健全和完善管理机制，创造出更加有效的管理机制，积极推动经济发展、促进社会进步等。

四、执行力的内容

（一）阐释方案

决策在制订之后，需要让民众了解与接收。阐释，顾名思义，阐明意思，解释清楚。决策者在政策制定以后，需要进行决策方案的阐释，具体包括将决策的内容、目的、背景、精神等详细的信息转化为民众所能理解，所能容易接收的信息。在此过程中，可借助丰富的大众传媒将需要传播的内容生动化、形象化、具体化，务求让群众更容易、更愿意去接受这些新的信息。只有让群众充分了解决策与自身利益存在切实的关系，才有助于群众认同决策的内容，更好地支持决策的开展与执行。

（二）制订计划

计划是联结目标与目标之间的桥梁，也是联结目标和行动的桥梁。没有计划，实现目标往往是一句空话。决策的执行需要按照步骤、计划有条不紊地进行，因此，科学具体地执行计划显得尤为重要。制订计划是对决策的具体化，是在时间、空间、人物、财务上的安排与统筹。在执行制订具体计划的时候，要注意计划需是灵活性与可行性的结合，是系统性和重点性的结合，是原则性和挑战性的结合。制订计划，有助于稳住执行下达的总体方向，有助于决策目标的完成。

（三）政策实验

政策实验，多指执行者为验证政策方案的正确性、可行性，使实施这些方案的具体化，因而在一定范围内进行的一种局部性的决策活动。在实验中既可以验证政策，也可以找到能对政策有普遍指导作用的东西。政策实验能在一定程度上避免大的国家方针政策因失误所导致的政治经济文化上的损失。

（四）组织落实

政策计划的落实需要通过组织进行，有了组织的参与，才能使方案计划得以贯彻落实。在组织落实的过程中，第一，要明确责任部门与人员，根据决策的目标，明确指定专门的组织或人员落实执行任务，具体工作落实到人员上，做到分工明确。第二，将决策目标和方案的任务层层分解再落实。第三，准备好相关的物力，包括经费和硬件设备。执行者应该根据预算情况详细做好相应的准备，为完好执行政策创造良好的外部条件。第四，进一步制定及完善相关的执行规章制度，让各层工作有序开展，形成良好的执行风气。

（五）协调监督

协调是指运用各种的手段、方法通过各要素的相互配合，建立有序和谐的关系的过程。通过协调，解决机关之间、人员之间的矛盾与冲突，能有效促进执行的工作步调一致地展开，利于提高实现决策目标的效率。而这里的监督控制，是指各执行机构的负责人及相应的监督控制机构依据一定的标准，运用各种的监督控制机制衡量执行机关和人员完成计划的情况，及时发现纠正偏差，以确保计划执行和决策目标的实现。由于制定与执行间容易存在明显的差别，因而在执行中要保持对实施过程的全面监督和控制，使执行活动不偏离政策目标。

（六）总结

总结是一个反馈的过程，第一次的行政终结其实便是二次行政的开始。通过总结能使行政人员意识到工作中存在的不足与差错，从整体出发，对已经完成的执行工作进行全面分析总结，从中得出执行的一些本质性的规律。总结时需要充分听取各方的意见与建议，最好是将自上而下的总结与自下而上的总结结合起来，弥补单一总结的片面性与局限性，认真把总结工作落到实处，切实在总结工作中不断进步，不断为下一次的执行工作做好准备。

五、执行的分类

（一）根据执行任务的渊源

依据执行任务的渊源，可以将执行分为两类，分别是执行法律的行政行为及执行公共政策的行政行为。执行法律的行政行为，即行政机关落实和适用法律的过程，行政机关采用了具体的行为，直接影响着对方的权利与义务，并对组织或个人的权利义务问题进行检查。执行公共政策的执行，就是行政机关对于公共政策的贯彻与落实的具体体现。此外，行政执法有着相对固定的程序与方式，而公共政策的因地制宜、灵活复杂，也使得执行公共政策成为考核执行能力的重要指标。

（二）根据执行任务的性质

根据执行任务的性质，大致可把执行分为两类，即常规性执行与非常规性执行。常规性执行多指执行主体对于日常、例行、量大的工作的执行，这些任务通常比较简单，容易通过行政管理的习惯、常识指导得以完成。而非常规性执行主要指执行主体在特定时期对于特定情况的特定处理，其中多为突发事件、非常态事件、危机事件等。非常规性执行没法仅凭行政管理的习惯、常识来解决，其中涉及灵活应变的知识，建立新的组织机构，培养新的执行人员，改变常规的执行模式等。而这些都是由非常规性事件的复杂性决定的，它们影响着事态的动态发展，需要不断创新，与时俱进，运用新的知识层层解决。

（三）根据执行任务的主体

根据执行任务的主体，可以将执行分为两类，分别是单一执行主体和多元执行主体。单一执行主体指国家行政机关作为单一的执行主体来完成所有的行政任务的执行工作，如国家税务机关的工商执法活动。而多元执行主体是指以国家行政机关为主，以其他社会组织参与政治、法律、市场等活动为辅的执行模式。国家行政机关扮演了安排者和掌舵者的角色，通过建立良好的制度基础，维护一个公正的执行环境，建立公私合作伙伴关系，形成公共事务的善治。多元的执行主体正是充分整合了各方的资源，在和谐的氛围中，在国家行政机关的领导下，共同为执行作贡献。

（四）根据执行的效果

根据执行的效果，可以把执行分为两类，分别为成功的执行和失败的执行。成功的执行，即能贯彻和落实国家的意志、目的及法律法规、公共政策的执行；失败的执行，即将其扭曲、改变了。维持一种无效率的制度安排和国家不能采取行动来消除制度的不均衡，这两者都属于政策失败。政策失败的起因有以下几种：统治者的偏好和有界理性、意识形态刚性、官僚政治、集团利益冲突和社会科学知识的局限性。执行失败是政策失败的一大重要原因。在执行研究中，学者们发现了政行目标与实际的执行效果之间是存在着差异的，当他们发现形成这一差异的各类现实要素的时候，推动了学界执行研究的兴起，在一定程度上真正为研究行政行为打下了坚实的基础。

六、执行的原则

（一）忠实决策，以决策目标为指导

从整体上讲，执行的任务就是要把国家的政策、法律法规等有效执行，以实现政府的决策目标。这就需要行政机关及人员准确地把握国家所要贯彻的意志，排除各种因素的影响，以决策目标的实现为指导方向，不折不扣贯彻和落实决策的内容和精神。根据这一原则，执行的工作能围绕行政目标有序展开。因此，行政机关及人员自身更应该着眼全局，端正自我的态度与位置，正确理解决策的意志和目的，决不允许敷衍了事，必须严格按照决策的要求开展执行各项工作。

（二）合理安排，要有周详的计划

执行是一项系统性的活动，其中要求各项工作要有序开展，在执行中，不可缺少的就是周密的计划安排。从时间角度上看，决策是阶段性和连续性相结合的；从空间角度上看，决策是协调性与同步性相结合的。开展活动过程中，往往衍生出种种的头绪和做法，各行政机关部门及人员理应主次分明、有针对性、有重点地进行执行的具体工作，妥善安排前后的次序，有计划、有步骤开展执行工作，做到环环相扣、统筹全局。缺乏合理安排计划的执行，往往是低效率的执行。

（三）及时有力、准确迅速开展工作

执行具有很强的时效性，这要求执行有坚决的信念，并准确朝着这些决策的意志目的出发，努力把决策目标变为现实。所谓准确，首先，决策的执行者要正确、准确地理解决策的基本精神、精髓，准确把握其本质及实质的理念。其次，在执行过程中，执行者不能搞一些应付式的表面模式的绩效，不能搞所谓的“土政策”“上有政策，下有对策”的虚假工作。再者，要准确把握信息的内容及精神。在信息时代，只有把握住海量信息，丰富的方式等，才能及时在众多大众传媒媒介的帮助

下，及时传达信息。当然，及时有力并不意味着盲从、莽撞，追求速度的同时，必须重视执行工作的质量，坚持快而准。

（四）主动创新，灵活执行

执行主体尽管是执行上级决策的任务，但在执行过程中，所要面临的通常是一个多变的环境。因此，执行机关及其人员要积极主动应对，开拓创新，积极运用创造性思维去完成执行工作。对于一些带有方向性、全局性的决策任务，在具体执行时要讲究因地制宜，在准确理解决策任务的精神意志基础上，根据实地情况，制定合理的执行方案，努力把任务落到实处。灵活执行强调的是在方式、手段上的创造性运用，是为了免于决策掉入唯心主义、教条主义的陷阱中。

（五）着眼全局，统筹兼顾

执行是围绕决策的目标开展，由很多零散的工作堆成的，稍不注意，容易形成执行片面化的局面。这要求执行工作在落实的时候，要从整体出发，要求执行者有善于驾驭大局的能力，对各方面进行统筹，兼顾各工作有条理开展，协调好各方的关系，争取整体利益最大化，实现最优的组合方法。此外，在把握全局时，也应特别注意影响全局工作顺利开展的关键点、侧重点，重视薄弱环节。面对“瓶颈”的问题，要加大解决的力度，推动决策的整体施行。

（六）正面激励，跟踪检查

决策主要还是由人来执行，因此，执行人员的积极性的发挥，会直接影响到执行的效果。因此，行政机关应运用合理的手段和方法，从正面出发，积极激励执行人员的工作激情，实施合理的奖赏制度，鞭策着执行人员端正态度，积极开展执行工作。同时，有效的执行，有效的行政监督和控制是不可或缺的。因此，在执行过程中，要严格检查执行工作是否严格依据决策的目标开展，在执行工作过程中是否严格遵守相关的法律法规要求，对于执行中人力、物力、财力等的消耗的合理性也要进行合理的监控，及时发现问题，解决问题。

七、执行力的培养

（一）影响执行的主要因素

1．主观人为因素

首先，从主体方面来说，作为合格的执行者，除了具备高度的思想政治觉悟、积极的意向和认真负责的工作态度，具备合理的知识结构、较高的管理水平和执行能力之外，还要能够运用一些必要的政策执行策略。政策执行的偏差是政策执行者本身的思想觉悟力、知识能力、执行能力不够高造成的。认识上的偏差为执行带来了工作简单化、任务短期化、绩效功利化等负面倾向。再者，从客体的方面来说，政策目标是多种多样的，但它始终表现为对一部分人的利益进行分配、调整，表现出对一部分人行为的指导、制约。政策目标能否达到，除了行政主体执行者的积极作为，还需要行政客体的积极配合。目标群众的科学文化素质及思想文化素质对政策的执行有直接影响，群众的两种素质越高，对于政策的理解、接受程度越高，越有可能积极、主动配合执行工作的开展；反之，则会延误执行工作的落实，造成政策执行受阻。

2．物质利益因素

政策的参与者在政策活动中的角色就是要争取自身利益最大化，把自己的利益损失程度降到最低。“利益”成了执行过程中的最大的驱动力，驱动着参与者不断为之调整自己的姿态。政策能否落到实处，利益关系的处理显得尤为重要。

3．体制因素

第一，政策执行机构不完善。政策执行过程是否规范有三个重要因素：首先，依法行政。法律是人民利益和意识的体现，行政机关行使权力、施行决策、落实执行时，应由法律授权开展工作，尽可能杜绝随意行政行为。其次，依权行政。权力大小跟所管辖范围相匹配，规范行政机关的管理幅度，禁止越权行为。再者，依程序行政。行政机关遵循严格的法定程序落实工作，禁止暗箱操作，这无疑是增加了政府行为的公开度与透明度。在现实操作中，多头领导、无人管理、分工不明、政出多门等现象并存，增加了执行的阻力，直接影响着执行的质量与效率问题。

第二，政策监督体系不健全。主要体现在：一是执行过程不透明。目标群众对执行工作的进度、具体措施无从得知，更免谈监督。二是监督和检查制度缺乏科学性。表现为过多或者单纯注重对执行的进度和执行的结果的检查监督。对执行过程中人力、物力、财力、时间的成本及执行过程中问题的出现与解决的忽视，使执行偏差扩大化。三是现有的选拔淘汰机制和干部交流回避机制缺乏科学性。对造成执行偏差的人、事的发现与惩戒力度不够，使执行中本位主义、主观主义、教条主义的行为屡屡存在。政策监督，目的就是纠正政策运行过程中可能存在的种种偏差，以保证执行顺利开展，保障政策达到预期的目标。

4. 环境因素

影响政策实行的环境因素可大致分为两大类，宏观因素及微观因素。宏观因素主要有政治、经济、文化等，政治清明、经济发达、国民素质高、国际环境和平轻松，能为政策执行提供良好的外部环境。反之，政治混乱、经济萎靡、国际环境动荡，则容易带来执行偏差，造成政策流失。

（二）提高执行能力的策略

1. 谨慎使用手中的权力

（1）谨慎用权，遵纪守法

部分执行人员虽然握有一定的权力，但用权一定要谨慎，要讲究策略。权力宁可备用，也不可以轻易炫耀，更不可以滥用职权。用权的时候要做到禁止以权谋私、禁止以权徇私、禁止义气用权。而遵纪守法要求执行人员熟悉相应的法律法规，因为执行本身就是一种权力。法律面前人人平等，执行人员也不能例外，如果执行人员自身都置法纪于不顾，存在以权代法、以权代纪的行为，损害自我的尊严与威信，终究将失去自己的执行权力。

（2）坚决果断，讲究实效

在原则性问题或是突发的紧急情况下，执行人员需要坚决果断。对违反法律法规的人和事，应不顾亲疏、不徇私情，把握时机，公平公正对待。在执行中，要想取得较好的效用，掌握好权力发挥效用的最好时机非常必要。执行人员可以运用宣传教育等手段，让目标群众明了政策执行的意图，促进人民的自觉行为与预防越轨行为，积极善用自我影响力来推动执行工作的进行。而在遇到特殊情况时，奖惩要适当。奖惩失当只会招致相反的结果，只有实事求是，才会赢得群众的信任与拥护，其执行权力才会被群众所接受、所配合。

2. 感化胜于强制

（1）做好榜样，顺畅执行

执行人员的榜样意识，就是身体力行、率先垂范、为群众做好榜样的思想意识。而在一些组织或部门，部门事务没有执行到实处，很大的原因在于执行领导者没有常抓不懈、以身作则。要想强化执行力，执行领导者必须在每个政策出台之时高度重视，凡与自身思想行为有牵连的都必须率先示范，做出良好榜样。

（2）感化使执行工作事半功倍

在实际的执行中，许多执行人员难免抱怨执行不力，究其原因，多是因为没有在工作中获得群众感情上的认可，不能得到群众的理解。作为执行人员，需要有足够的个人魅力，它是一种感召，是人格上的征服力。执行人员可以通过自己原有的学识、经验、能力、品格等，深深地感染并影响群众，无形中令群众追随和服从。

3. 化解冲突，积极执行

（1）回避与妥协

在执行过程中，执行人员难免遇到执行意见不一致的时候，然而冲突的起因都是双方均想更好地完成执行任务。因此，当因执行工作的细小方面出现分歧时，可采取回避的政策，等双方冷静下来再继续沟通，

“冷处理”不必要的冲突与矛盾。当冲突属于下面情况之一，则适合采取妥协的解决方法：一是妥协能使双方都获益；二是无需要理想的解决方案；三是只想为复杂的事情找个暂时的解决方案。但妥协情况要尽量避免，通过妥协是不可能找到最佳的解决方案的。

（2）解难与协作

认同这一做法的执行人员认为，只要坦然予以处理、解决问题时努力寻求群体意识，便能有效化解矛盾。他们无论对人对事，都同样重视，力求面面俱到、有效解决。具备了审时度势、有效化解冲突的能力，才能化主动为被动。在解决冲突时，尤其是执行领导人员，要及时重塑所率的执行队伍的凝聚力与战斗力，这样才能使整个团队有纪律、有组织地贯彻执行工作。

第四章　公共管理的资源配置

第一节　公共管理的资源配置机制

公共管理的运行和发展受资源因素的制约较强，主要表现在两个方面：一方面，资源是公共管理发展的基础性保证；另一方面，资源配置尤其是公共资源配置是公共管理的主要对象。面对社会公众利益多元的现实状况，在公共管理中必须研究资源配置的有效机制。

在现实公共管理中，不管是公共设施建设和维护还是公共服务供给，都需要大量的资金投入。长期以来，公共管理的资金投入主要来自政府的财政，但这种单一的资金来源渠道有很大的缺陷。为弥补这种缺陷，在公共管理新的发展中，正在不断探索投资来源的多元化渠道，形成公共管理的多元筹资模式；同时，进一步深入研究公共投资所产生的实际效应，包括政策效应和经济效应等。

一、公共管理资源配置机制的选择

广义而言，资源是自然界和人类社会中用以创造物质财富和精神财富的客观存在形态，如自然资源、人力资源、信息资源等。资源是人类社会存在和发展的基本条件，又是人类社会文明和进步的主要标志。

经济学强调的是资源同时兼有的效用性和稀缺性特征。由于资源具有天然的相对“稀缺性”，因而客观上需要对相对“稀缺”的资源在各种可能的用途上进行比较并作出选择，这一过程称之为资源配置。

公共管理中的资源配置具有两重涵义：一方面，由于资源对人类社会的存在和发展处于基础性的地位，同时，资源又有相对“稀缺”的特点，因而资源配置问题不仅关系到资源使用的效率，而且关系到社会公平的实现，必然作为公共管理视野中的“公共性”问题而纳入公共管理的范围。另一方面，在市场经济条件下，根据资源的所有权属性，可以分为公共资源和私有资源。公共资源配置是公共管理的主要对象和关键内容之一。

对公共资源本质属性和构成内容的理解经历了一个发展过程。早期把公共资源视为自然生成或自然存在的资源，可以为人类社会提供生存、发展所需的自然物质与自然条件，通常包括矿物资源、土地资源、水资源、气候资源与生物资源等。这一理解强调公共资源的自然属性和物质属性，认为其“天然”是为全体社会成员共同享有的，因而具有很强的“公共性”。由于这一理解强调公共资源的自然属性，也可称为公共自然资源。

其后对于公共资源的理解循着两个方向进一步扩展：第一个方向是更加强调公共资源作为人类社会发展基础的条件属性。随着科学技术的发展，自然资源作为人类社会发展基础的条件属性的重要性有所下降，而作为人类社会创造的物质财富和精神财富存在形态的人力资源、信息资源、网络资源等的重要性不断上升，因而，人力资源、信息资源、网络资源等也被看成是公共资源的组成部分，甚至是更为重要的组成部分。也就是说，随着人类社会的进步和发展，公共资源的构成内容不断扩展、结构不断优化。第二个方向更加强调宪法的规定性。现代社会，国家为了实现公共利益，通过宪法明确规定了公共资源的法律属性。由于国家性质的差异，各国对于公共资源法律属性的具体规定存在不同。

因此，应该从更加宽泛的角度理解公共资源的内涵，在概念层面把握公共资源的丰富性和可变性，整合公共资源的自然属性、经济属性和法律属性之间的关系。同时，在实践层面把握公共资源的层次性和可分性，将公共资源的部分权益从所有权中剥离出来，如公共资源的使用权、承包经营权等与所有权相分离。另外还要注意的是，用货币来衡量公共资源的价值，不仅可以在不同类型的公共资源之间进行比较，而且还可以更为准确地反映公共资源的使用绩效。

资源配置是通过一定的机制实现的。一般而言，机制是反映系统中各相关要素相互作用而达成其特定功能的过程。

按照经济学理论，资源配置机制是指按照资源运用合理化的原则，在资源配置系统中相关要素间相互作用形成的特定结构，以实现稀缺的资源在各种不同用途上的分布和安排。

在资源配置的实践中，资源配置机制主要有三类：政府机制、市场机制和自主机制。

政府机制是指，政府运用行政体系的权威性，通过计划指标、经济杠杆和经济政策等要素的相互联系和相互作用的关系及调节功能，直接调节资源配置的过程。

市场机制是指，通过市场运行中的价格、供求和竞争等要素之间的相互联系和相互作用的关系及其调节功能，实现资源配置的过程。其中，价格机制是核心，是市场机制实现资源配置的主要杠杆。

自主（自治）机制是指，通过区域或系统中相关主体在平等基础上的自主协商、讨论、谈判、合作等方式形成互动的协调结构，以实现资源配置的过程。

在人类发展历史上，对于资源配置不同机制有效性的认识既存在静态的争议，又发生着动态的演变。例如，在相当长的时期内，社会共识性地认为市场机制不能达成公共资源的有效配置，这也被看成是市场失效的主要表现，因而应该运用政府机制来有效地配置公共资源。但在实践中发现政府机制在配置公共资源中存在低效甚至无效的情况，即政府失灵。面对公共资源配置中政府机制失灵的问题，有观点提出引入市场机制，也有观点提出发挥自主（自治）机制的作用。

二、公共管理资源配置机制的比较

（一）政府机制

政府机制的特点依附在其公共权力主体之上。政府作为公共权力主体具有公共性、合法性、强制性等特征。由此，政府机制在配置资源的运作过程中体现出以下四个主要特点：第一，稳定性。政府机制在运作中，其构成主体之间的相互关系和作用方式是依据法律法规事先确定、相对固定并按照规定路径循环往复，相关主体必须遵守执行，具有强制的规范性和不可违反性。第二，独立性。政府机制依托既有的政府结构框架形成其相对稳定的构成主体，具有相对独立的关系结构、作用方式和功能作用，可以看成是相对独立的运作系统。第三，效力性。政府系统是典型的科层制结构，其垂直运行为主的基本要求是命令—服从，下级必须服从和执行上级的命令，从而保证较高的执行效力。第四，互动性。政府机制构成主体之间的作用过程是互动式的、双向运行的，每个主体都处于不断调整的过程中，相互之间存在着特定的有机联系。

政府机制的优势在于：第一，制定长远的经济社会发展战略，并按战略目标有计划地配置资源。第二，确定重点领域和项目实施倾斜式的资源配置方式，集中必要的物质资源、财力资源和人力资源进行重点投入。第三，兼顾经济、社会和环境的关系并使之协调发展。第四，从宏观上统筹规划经济总量、重大经济结构、生产力布局等。

政府机制的不足在于：首先，在资源配置中难以适应微观经济活动和社会需求的复杂多变。其次，以政府强制力实施倾斜式的资源配置时，有可能忽视甚至侵蚀社会其他主体的利益，造成整个社会的动力不足。再次，在政府科层制结构中确定发展重点并强制性地进行资源配置，容易出现软约束下对扩大部门权力的盲目追求，造成脱离实际和浪费资源的情况。

（二）市场机制

市场机制具有自发性、灵活性、事后性和微观性等特点。市场机制的优点是：第一，能够根据供求关系的实际变化，通过价格杠杆和竞争机制的作用，引导资源配置到效益更好的领域、方向和环节。第二，能够对市场上的各种经济信号作出灵敏反应，实现供给与需求的均衡协调，保证在全社会范围内资源的充分合理运用。第三，能够给予微观市场主体以强大的动力和必要的压力，通过优胜劣汰，促进资源运用能力和效率的提高。

市场机制的缺点主要集中在两个方面：一方面，市场机制的自发性和分散性，容易导致资源配置的盲目性，引发整个社会经济运行的无序波动。另一方面，对宏观经济总量调节、重大经济结构调整和生态环境保护等往往无能为力。

（三）自主机制

面对资源配置中出现的政府失灵和市场失灵的客观现实，以奥斯特罗姆（Elinor Lin Ostrom）为代表的制度分析学派建立的“制度分析与发展框架”（Institutional Analysis and Development Framework，简称“IAD”框架）提出了资源配置的自主机制。奥斯特罗姆指出，传统的分析公共事务的三个理论模型（即公地悲剧、囚徒困境、集体行动逻辑）所提出的解决方案不是市场的就是政府的，而且得出的结论往往是悲观的，世界各地的公共资源的使用者在资源配置中，通过自主组织经常能够发展出解决冲突和执行规则的弹性安排及有效机制，也可以达到合理配置资源的结果。某一区域的社会公众对社会资本的认同，构成了自主机制有效性的基础。第一，参与者通过交流愿望达成各方可接受的共同协议；第二，参与者通过使用诸如谨慎回应式的试探法扩大互惠以帮助人们建立对协议的信任；第三，参与者不仅制定了对违约者施以制裁的规则，还通过谨慎回应来强化协议的效力。

三、公共资源配置机制的互补关系

在市场经济条件下，市场机制在资源配置中发挥着基础性和决定性作用；同时，由于客观上存在市场失灵问题，要求更好地发挥政府机制的作用。因此，现代市场经济是一种混合经济。在公共资源配置中还要注重发挥自主机制的作用。

政府机制、市场机制、自主机制等都是人类社会在长期实践中发展出来的功能型的资源配置机制，既可以单独运用其中的一种机制，也可以联合运用多种组合机制。

在社会公众利益多元、需求多样的情况下，有理由对资源配置（特别是公共资源配置）中以政府途径（利维坦）为唯一或者以市场途径为唯一的途径去寻找解决方法思路的合理性表示怀疑。不同的事物都可以有一种以上的管理机制，关键是取决于管理的效果、效益和公平。

因此，在现实的公共资源配置中，不同机制之间以互补关系为基础建立起合作关系，形成公共资源配置的整合型机制。第一，不同机制都能独立存在并运行，强调发挥不同机制所具有的独特优势是形成整合型机制的重要基础。第二，不同机制之间竞争性与合作性并存，通过竞争促进不同机制的相互融通、优势互补，达到提高公共资源配置效率的结果。第三，不同机制在一个共同的规则体系中运行，并在这个体系内调整其关系。第四，政府机制因其隐含着更多的“公共性”特点，在许多情况下处于整合型机制运行的主导或引导地位。

第二节　公共管理的多元筹资模式

一、公共管理的多元筹资倾向

公共投资往往具有规模大、周期长、回报率低等特征。长期以来，由于把公共产品和公共服务供给的主要责任归于政府，因而公共管理的资金投入主要来自政府财政。这种单一的资金来源产生了两个缺陷：其一，政府财政投入难以满足迅速发展的公共管理的需要；其二，政府财政投入的效率和效果难以确切控制。

在公共管理新的发展中，根据公共资源配置整合型机制的要求，不断探索投资来源的多元化渠道，出现了公共管理的多元筹资倾向，并逐步形成公共管理的多元筹资模式，包括政府投资、政策性金融、资本市场融资、项目融资等多元筹资方式的整合。对于公益性项目，往往采用“财政投入+信贷融资”的多元筹资方式。对于准公益性项目，大多采用公私合作的多元筹资方式，包括合资公私、资产证券化融资、项目融资、BOT（build-operate-transfer，建设—经营—转让）等方式。对于经营性项目主要采用BOT、政府引导基金等多元筹资方式。

二、政府投资

政府投资是指，各级政府用于形成资本性资产的专门性投资，包括固定资产的新建、扩建或改建。

在市场经济条件下，政府要提供大量的公共物品和公共服务，而公共物品的生产和公共服务的供给同样需要固定资产，例如政府的办公大楼、学校的教学大楼、医院的病房大楼、公共服务的基础设施等。这类固定资产往往是由政府投资形成的。根据政府投资的形式，可以分为直接投资和间接投资。

（一）直接投资

直接投资是指政府财政资金的投入，或以政府财政资金为支持的投入。

直接投资的具体方式有很多，主要包括财政拨款投资、政策性贷款、财政贴息和投资补贴、财政投资融资等。财政拨款投资是指在某一公共项目所需资金中全部为财政拨款或财政拨款占主导地位。政策性贷款是指以实现某一政策目标为导向的财政专项投资，在很多国家又叫作软贷款。我国的政策性贷款是通过政策性银行操作的。财政贴息和投资补助是指投资者在政府鼓励的基础产业和公共部门进行投资而获得的利息补贴和投资补贴，补助金从中央财政支付。财政投融资是一种政策性投融资，是以国家为主体，采取有偿手段广泛筹集资金，并按照政府特定的政策目标进行投资而产生的有关资金集中和资金运用的活动。它与商业性投融资的最大区别是，商业性投融资以利润最大化为目标，而财政投融资则以产量最大化或成本最小化为目标。财政投融资的目的性很强，主要是对国民经济全局有重大影响的基础产业和基础设施，以及对社会发展有重大影响的公共部门进行融资，其运作虽不脱离市场，并且以市场参数作为资金配置的重要依据，但其政策性和计划性更强。由于财政投融资将财政融资的良好信誉与金融投资的高效运作有机结合起来，因而成为政府在基础产业、基础设施和公共部门投融资中发挥作用的有效形式。

按资金使用方式的不同，直接投资又可分为无偿投资和有偿投资。无偿投资主要适用于非营利公益性行业，因为这类行业无直接经济效益可言，其资金供给只能由政府用财政资金无偿安排。有偿投资主要适用于具有明显的社会效益和不够明显的经济效益的基础产业和基础设施，因为这类行业或设施的经济效益较低，其资金供给不可能完全推向市场，但其又具有一定的经济效益，所以又不宜全部通过财政无偿提供。

（二）间接投资

与直接投资相对应的是间接投资。间接投资是指不以直接的资金投入，而以政策引导为手段的政府投资方式。

间接投资主要是利用各种优惠政策吸引社会资金投入，不能取得社会平均利润，但对国民经济及社会发展具有积极长远影响的基础产业和公共部门，这些政策包括税收、信贷以及其他方面的优惠政策。其实现机制是以利益机制为杠杆，以调整利益分配关系为主要方式，吸引更多的资金流向基础产业或公共部门。与此同时，政府也以一定的限制政策来影响社会投资，包括许可证制度、准入制度等，以抑制某些产业或部门的投资。对于政府的政策投资，由于不表现为政府的直接投入，所以可称为政府的间接投资。

三、政策性金融

政策性金融是指，以实现一定的政策目标为目的的政府或其他公共组织的金融制度、体系及其相应的业务活动。

这里所说的政策目标，是指一个国家或政府的产业政策目标、地区发展目标、社会发展目标、社会福利目标等。这里所说的政府或其他公共组织，是广义的政策性金融的主体。不过，从世界范围来考察，政策性金融机构几乎都是政府金融机构，只有少数国家有私人开发性金融机构（如菲律宾）或民营、合营的政策性金融机构（如澳大利亚）。但政府金融机构并不限于政策性金融机构，有些国家还有国有商业银行和国有非银行金融机构等。

从制度和运行考察，政策性金融具有如下三个基本特征：第一，由政府创立、参股或保证。政策性金融机构大多数是由政府直接创立的，为贯彻实施政府的政策意图，在特定的业务领域直接或间接地从事政策性投融资活动。第二，具有比较确定的业务领域和对象。由于政策性金融是为政府的政策服务的，因此它的作用范围是有限的，主要存在于市场失效的业务领域和范围。第三，有独立的法律保护和约束政策性。政策性金融机构既是一个金融机构，又是一个政府机构。在西方国家，政策性金融机构一般不在中央银行监管之列，它们之间不存在中央银行与商业银行之间那样直接的紧密联系。第四，政策性金融的资金融通具有不以营利为目标和有偿性要求并存的特点。一方面，不以营利性为目标是相对于一般的商业银行而言的。一般的商业金融从事投融资是为了追求自身效益的最大化，遵循效益性、安全性、流动性的“三性”原则。政策性金融是为了贯彻政府的社会经济发展政策，要优先扶持和促进基础产业和公共部门发展。但是基础产业和公共部门的发展由于具有公共物品性质和外部经济效应，从而不能完全通过内部“成本—收益”机制来取得正常盈利，因此一般商业银行是不愿从事此类投资的。如果政策性金融机构也恪守效益性和安全性原则，则不会将资金投向这类行业，从而与政府的政策目标相违背。因此，政策性金融不能以营利为目标。另一方面，按有偿性的要求进行资金融通是相对于政府财政资金而言的。之所以要求有偿性，是因为政策性金融所确定的投资领域，尽管在很大程度上不能取得社会平均利润率，但经过一定的努力和某些方面的改革，仍然是有利可图的，只是具有低盈利特征，因而不同于纯粹的公益性项目。同时，完全的财政支出往往具有低效率特征，通过有偿性要求的约束，可以提高资金运用的效率。而且，因财政资金的来源不同，政策性金融的资金来源有相当部分是按有偿原则向其他金融机构或社会公众筹集的，因而使用时也应该是对称的和有偿的。政策性金融具有的这两重性特征，表明其既是为了改变财政无偿提供资金的低效率、又是为了改变商业银行完全被盈利所驱使而容易忽视社会效益而进行的一种金融创新。

从调控方式来看，政策性金融表现为直接参与型。政策性金融主体通过实际投资活动或倾斜力度（如优惠利率等）的掌握，直接参与金融活动的过程，从而促进基础产业和公共设施的建设。而中央银行系统对经济活动的调控则主要是利用各种调控工具对金融活动实施间接性调控，例如，对各种利率水平的控制等。

由于政策性金融主要服务于基础产业、基础设施和公共设施的建设，因此，要求政策性金融的资金来源具有成本低、期限长的特点。这一特点又决定了政策性金融的资金来源不能像商业性金融那样可以广泛地面向社会筹集资金，或向同业拆借资金。政策性金融只能通过有限的融资渠道筹集低成本资金。

从世界各国的实践来看，政策性金融的资金来源主要有以下四个方面：第一，资本金。资本金是政策性金融最基本、最主要的资金来源。初始资本金一般是由政府全额出资，然后根据政策业务规模的扩大，政府不断注入资本金。第二，借入资金。借入资金可分为国内借款和国外借款，分别来自国内和国外两个渠道，国内渠道有财政资金、政府部门资金、公积金，有些国家还包括中央银行资金；国外渠道有世界银行、国际货币基金组织、各洲设立的开发银行（如亚洲开发银行等），还有政府间的低息贷款或无息贷款。第三，发行债券。发行债券是利用国内外金融市场，发行有政府担保的金融债券。发行债券是发达国家政策性金融机构的主要筹资方式，在一些发展中国家也经常采用这种方式筹资，但比重不及发达国家那样高。影响债券发行规模的主要因素包括：金融市场的发达程度、直接融资和间接融资的发展程度及其结构差异等。第四，其他资金来源。政策性金融的其他资金来源因国家的具体规定不同而有所不同。例如，有一些国家将社会福利基金、保险基金等也列入政策性金融的资金来源，少数国家的政策性银行还可以吸收社会存款。但大多数国家不允许政策性银行吸收社会存款，以避免因与商业银行的竞争而造成金融秩序的紊乱。

四、利用资本市场融资

在市场经济条件下，市场起着资源配置的基础性作用，其中的关键是通过资本市场来实现的，资本市场有效地联结资本的供求双方，资金盈余部门通过资本市场把多余闲散资金借贷出去，而资金缺乏部门则从资本市场筹集所需资金，通过资金的流动牵引社会资源的合理配置，实现生产要素的优化整合，促进社会和经济的协调均衡发展。

社会再生产活动与社会资源合理配置不仅需要短期的流动资金用于周转，也需要长期的资金用于购置和更新固定资产。按照融资期限的长短，可以把金融市场分为供给一年以下短期资金的货币市场和供给一年以上中长期资金的资本市场，这是一种较为通行的分类方法，短期资金主要用于周转方面，长期资金主要用于资本形成方面。资本市场的类型包括：股票市场、国债市场、基金市场、资产交易市场等。资本市场使得中长期资金的供需双方得以连接和配合，供给方有较高而且稳定的收益和较为合理的安全保障，需求方则能以合理的价格取得所需的中长期资金。

（一）ABS 融资

ABS 融资（Asset Backed Securitization，简称 ABS）即资产证券化融资的英文缩写。ABS 融资是指以目标项目所拥有的资产为基础，以该项目的未来收益为保证，通过在国际资本市场上发行高档债券来筹集资金的一种项目证券融资方式。在 ABS 融资方式中，项目资产的所有权根据双方签订的买卖合同由原始权益人即项目公司转至特殊目的的公司。再由这个特殊目的的公司通过证券承销商销售资产支持证券，取得发行收入后，再按资产买卖合同规定的价格把发行收入的大部分作为出售资产的交换支付给原始权益人，从而将原始权益人（买方）缺乏流动性但能够产生可预见未来现金流收入的资产转变成为资本市场可销售和流通的金融产品。

（二）债券融资

债券可按发行主体分为政府债券和企业债券，其中政府债券又可具体分为中央政府债券（国债）、地方政府债券。

通过发行政府债券筹集基础产业和公共部门建设资金，操作起来比较灵活，可以借此来调节总供求的平衡。当需求不足时，可扩大投资规模；当需求偏旺时，可缩小投资规模。而且只要把好项目论证关，一般不会导致重复建设，从长远看，社会效益都比较好。当然，具体项目的选取，也要分轻重缓急，选择效益较好、见效较快的项目先建设，防止资金分散化。

可转换债券（Convertible Bond，简称CB）是企业债券（或称公司债）的一种，但又具有股票期权的性质，一般可定义为：以债券形式发行的、在规定期限（即转换期）内，在约定条件下，以约定价格（即转换价格）转换为发行公司普通股的凭证。换言之，它是一种具有债券、股票和期权多重性质的金融工具，是一种金融创新产品。

（三）产业投资基金

产业投资基金是以个别产业为投资对象的一种投资基金，通过发行基金受益券募集资金，交由专家组成的投资管理机构运作，基金资产分散投资于不同的实业项目，投资收益按资分成。

产业投资基金的投资目标既追求长期资本利润，也注重当期收入，是一种典型的成长及收入型投资基金。

产业投资基金具有以下四个特点：第一，产业投资基金在进行投资时，要分散风险，不会将全部资金投向个别公司和项目，而是在相关行业上分别进行投资；第二，产业投资基金资产主要集中于某一产业，抗风险能力不及其他基金高，所以该类型基金大多投向于低风险产业；第三，产业投资基金对公司股权投资不以控股为目的，一般较少直接参与公司管理，而是利用基金本身的商业及财务专长辅助公司发展业务；第四，产业投资基金的投资有助于公司将来上市，因此基金在进行投资时，通常要对公司各方面的情况进行全面考察，以此来保证投资资产的安全。因此，对其他投资者来说，产业投资基金选择的产业和公司，往往被认为具有良好的基础和发展的前景。在公共管理中，对公共设施的投资可采用产业投资基金形式。

五、项目融资

项目融资是指，以项目本身的资产和项目未来的收益作抵押来筹措资金的一种融资方式，是一种无追索权或有限追索权的融资或贷款。

项目融资是以项目自身的财产权益作为借款保证，贷款方主要看融资的项目有无偿债能力，评估和保证的范围以项目为限。因此，一旦贷款发生风险，贷款方只能以项目的财产或收益作为追索的对象，不涉及其他财产和收益。项目融资国际通常的运作方式是：第一，为项目建设成立的项目公司是具有独立法人地位的法人实体；第二，涉及大量负债资金，负债通常占总投资的65%～70%；第三，项目公司是借款的直接债务人，贷款方对债权的追索权仅限于项目的资产或项目的潜在资金流量（如产生的收益）。对于项目公司及其股东来讲，项目的大部分资金可以用外部债务来实现，将风险转移至其他有关各方，因此，项目融资最大的优点是可以分散融资风险，不像传统融资方式那样将风险集中于投资者、贷款方或担保方。

项目融资首先出现在美国，继而在欧洲金融市场流行，进入21世纪后，开始在发展中国家的基础设施中广泛采用BOT开发模式。如公路建设中的BOT，就是指政府通过特许协议，在规定的特许期内，授权项目发起人为特许权的公路项目设立项目公司，由项目公司负责项目的投融资、建设、管理、经营和维护。特许期满，项目公司将特许公路项目的设施无偿归还国家。通常所谓的BOT实际是以下三种方式的统称：第一，BOT（Build－Opera Transfer），即建设—经营—转让。第二，BOOT（Build－Own－Opera Transfer），即建设—拥有—经营—转让。BOOT与BOT的区别主要是：一是所有权的区别，BOT方式在项目建成之后，私人只拥有所建项目的经营权，而BOOT方式在项目建成之后，在规定的期限内既有经营权，也有所有权；二是时间上的区别，采取BOT方式，从项目建成到移交给政府这一段时间一般比采取BOOT方式短一些。第三，BOO（Build－Own－Operate），即建设—拥有—经营。这种方式是承包商根据政府赋予的特许权建设并经营某项基础设施，但最后并不将基础设施移交给政府。

第五章　公共组织战略管理

第一节　公共组织战略管理内涵和要素

一、公共组织战略管理内涵

“战略”一词原是军事用语，既涉及一种全局性的眼光和计策，又涉及多种战术、方法，是总体性目标定位与操作性战术及方法的有机结合。进入20世纪后，战略一词开始被用于商业（企业）领域，形成企业战略管理理论。20世纪中后期，战略管理思想和理论被运用于公共组织的发展管理。

战略管理是指，一个组织在一定时期具有全局性、长远性的发展方向、目标、任务和政策，以及为实现目标、任务而对资源调配进行的决策和管理，包括组织在完成具体目标时对不确定因素作出的一系列判断以及组织在环境分析活动的基础上制定战略等。

战略管理是一种综合性、动态性的管理理念和管理方式，是组织内部资源优势与外部竞争条件的优化运用结果的形成过程。在公共组织发展中引入战略管理思想和理论，主动实施战略管理，有利于其在急速变化的社会紧急环境之中，快速调整发展状态，找准发展定位，明确自身优势，发现存在不足，充分利用现有资源，积极挖掘潜在资源，进一步增强公共组织的能动发展能力及持续发展能力，实现公共组织的持续稳步发展。

必须特别注意的是，公共组织战略管理与企业战略管理相比，既有相似之处，也有显著差别。公共组织战略管理与企业战略管理的相似之处在于，任何组织在面临不确定的环境时，运用战略管理理论有助于辨识有利因素与不利因素，科学确定发展目标和实施策略。而公共组织战略管理与企业战略管理的差别之处体现在四个方面。第一，价值理念方面的差别。公共组织追求公正公允的理念；企业追求的是效率至上的理念。第二，利益群体方面的差别。公共组织代表的是整个社会（或社会特定群体）的共同利益；企业代表的是投资者的利益。第三，文化观念方面的差别。公共组织强调沟通协商的和谐文化；企业推崇的是优胜劣汰的竞争文化。第四，专业属性方面的差别。公共组织的专业优势是良好的服务能力和公关能力；企业的专业优势是特定的技术能力和管理能力。

因此，研究和实施公共组织战略管理必须从公共组织的组织特性和组织目标出发，挖掘和提炼符合公共组织发展要求的战略管理体系、框架和方法。

二、公共组织战略管理要素

一般而言，战略管理必须具备四个要素，即：战略分析、战略制定、战略实施和战略控制。公共组织的战略管理也应该具备这四个要素。

战略分析的目的是了解公共组织所处的环境和相对竞争地位，包括两个主要方面：第一个方面是确定公共组织的使命和目标，这是公共组织战略制定和评估的重要依据；第二个方面是进行详尽的环境分析，包含外部环境分析和内部环境分析，这是公共组织战略制定和实施的基本条件。

战略制定是在对所有被选方案进行分析比较后所作出的最终选择。公共组织战略是一个由不同层次的战略方案所构成的、具有内在逻辑联系的体系，在总体战略的基础上，可以针对不同层次的战略目标，对应不同层次的战略方案。

战略实施和战略控制往往是密不可分的，在战略实施的过程中同样进行着战略控制。相对而言，战略实施是将公共组织的战略方案转化为具体行动的过程，而战略控制则是对已经实施和正在实施的具体行动进行测定和评价，检验战略方案及具体行动的有效性和科学性，并根据公共组织发展中出现的新情况，及时调整或者改变战略方案及具体行动，以保证其对公共组织活动的有效指导。

第二节　公共组织战略管理过程和方法

一、公共组织战略的基本框架

战略管理是对一个组织的未来发展方向制定决策和实施这些决策的动态管理过程，主要包括五个动态的具体步骤：使命提炼、环境分析、战略制定、战略实施和战略控制。对于任何组织的战略管理而言，这五个步骤都是相互联系、相互依存的，并没有严格的先后顺序排列。

由此，公共组织战略的基本框架也由五个部分组成：使命提炼、环境分析、战略制定、战略实施和战略控制。

（一）使命提炼

使命就是责任，确定公共组织的使命实际上是回答“我是谁”这一问题，这是选择和确定公共组织战略目标的基本前提。一个企业不是由它的名字、章程和条例来定义的，企业只有具备了明确的使命与愿景，才可能制定明确而现实的战略目标。如果一个组织没有战略使命，那它就丧失了存在的价值和意义。企业公司如此，公共组织亦是如此。

公共组织的战略使命是公共组织存在的基本理由和价值追求的根本所在。确定公共组织战略管理方向的首要工作就是明确公共组织的组织宗旨，提炼契合公共组织的使命要求。

提炼公共组织的使命是与公共组织的组织性质密切相关的。公共组织使命的表述要做到文如其名，反映公共组织所在领域、区域和行业的基本特征和发展要求，主旨明确、表达清晰、个性鲜明、通俗易懂。公共组织的使命提炼是公共组织战略管理过程的起点，通过对公共组织使命的提炼，公共组织的成员将形成对战略管理目标体系的一致认识，从而有利于减少战略管理实施过程中的阻力、降低协调沟通的成本。

（二）环境分析

环境分析是公共组织战略分析的关键性内容，主要包含两个方面：外部环境分析和内部环境分析。一般而言，外部环境可以理解为公共组织外部的宏观环境，例如，政治因素、经济因素、社会文化因素等。外部环境分析主要是了解公共组织所处的环境正在发生哪些变化，以及这些变化将给公共组织带来更多的机会还是更多的威胁。而内部环境分析则是对公共组织自身内部条件和能力所做的科学合理的评价，以了解和掌握公共组织所具有的资源优势、战略能力、相关利益者的利益诉求及对战略方案可能出现的反应等。

环境分析的实质是“知己知彼”的过程，了解和把握公共组织所处的内外部环境及其自身的地位，掌握公共组织目前状况，并通过评估影响公共组织目前和今后发展的关键因素，明确公共组织的优势和劣势，从而制定有针对性的战略，有效利用自身资源，扬长避短，保证公共组织在激烈的市场竞争和复杂的社会变化中掌握更多的主动权。

（三）战略制定

战略制定是指为使公共组织获得更大的成功而制定的战略决策。公共组织作为非营利性组织，战略制定的重点不在于获得最大的经济收益。所以，公共组织的战略制定必须牢牢把握公共组织的组织性质和组织目标，结合所在领域、区域和行业发展的实际和趋势，紧紧围绕“社会需要哪些服务”“我们能为社会发展提供哪些服务”“我们如何为社会提供这些服务”这三个问题制定明确的战略。

公共组织发展战略制定与所在领域、区域和行业的发展阶段和发展趋势密切相关。常见的公共组织发展战略主要有以下三种。

第一，专门化发展战略。根据所在领域、区域和行业发展面临的共同问题和共性需要，专注于公共组织服务能力的培育和提升，以更好地服务于所在领域、区域和行业内特定服务对象（会员）为目的的战略。

第二，社会化发展战略。根据市场经济发展和现代化社会发展的要求，扮演公共治理主体的角色介入社会运行之中，以提升所在领域、区域和行业的社会影响力为目的的战略。

第三，国际化发展战略。根据全球化发展的趋势，作为所在领域、区域和行业代言人或代表者，提高广泛参与所在领域和行业国际交往、国际合作的能力，以提升国际影响力为目的的战略。

（四）战略实施

战略实施是确保公共组织既定战略能够被落实到实际操作中去的过程，是将战略目标付诸实际行动的阶段。

公共组织战略实施的重点是强调操作性、可行性和技巧性。

操作性是确立战略制定之后行动纲领的具体体现，公共组织战略实施的操作性程度充分体现其管理水平和行动能力。可行性是协调战略目标与现实可能之间差异的综合安排，公共组织战略实施的可行性在很大程度上取决于决策者及管理人员对所在领域、区域和行业发展状态及未来可能性的理解。技巧性是平衡理性模型与实际操作之间存在矛盾的方法，公共组织战略实施的技巧性要求在日常管理中有效应用不同手段和不同工具，以取得符合战略目标的绩效。

（五）战略控制

战略控制是指对公共组织的运行过程进行监督和衡量，帮助管理者评估实施的战略是否符合目标，发现偏差并采取措施，以确保公共组织发展目标得以实现的过程。

战略控制的类型主要有反馈控制、实时控制与前馈控制。

1. 反馈控制

向公共组织管理者提供实施状况的动态信息，以及时发现实施中存在的问题并及时进行调整。

2. 实时控制

把握公共组织运作中常见的控制过程参数，向公共组织管理者提供实时信息。

3. 前馈控制

帮助管理者参与公共组织内外环境的变革。

二、公共组织战略制定的流程

(一) 准备工作系统化

通过对公共组织基本状况的研究和分析，使战略制定的准备工作系统化：

（1）收集与公共组织相关的基本数据并进行分类，实施需求评估；

（2）明确对公共组织未来发展具有积极意义的关键性议题或问题；

（3）阐述公共组织的作用和责任，确定相关利益主体；

（4）勾画公共组织发展目标的基本轮廓，并采集和分析相关的环境信息。

(二) 阐述使命和目标

组织使命是公共组织存在的基础，组织目标是公共组织发展的方向：

（1）确定和提炼公共组织的独特使命，并用精炼的文字做出清晰的表述；

（2）阐明为实现公共组织使命在组织结构上必须进行的变革；

（3）定义公共组织的系统状态；

（4）确立达到公共组织使命和目标的具体项目任务。

(三) 环境评估分析

对公共组织所处环境进行科学分析并做出合理认知是制定战略的重要前提：

（1）详尽分析公共组织内部和外部环境的特质；

（2）判断公共组织内部和外部环境的趋势对公共组织的要求；

（3）确定和描述公共组织战略的总体要求。

(四) 制定战略并进行分析可行性

根据公共组织的组织愿景及环境条件分析制定总体战略：

（1）确定公共组织发展战略；

（2）对公共组织发展战略的实施做出具体部署；

（3）对公共组织发展战略中关键性的战略目标给予重点倾斜支持；

（4）对公共组织发展战略框架下的实施项目进行可行性分析。

（五）匹配相应的资源

公共组织战略的实施需要匹配相应的资源：

（1）将公共组织战略目标和任务转化为基本的策略；

（2）制定明确的实施策略的具体措施；

（3）形成基于公共组织战略和策略的财务、人力等资源的分配原则和指南。

三、公共组织战略管理方法

（一）BCG发展矩阵

BCG发展矩阵（BCG Matrix）即著名的波士顿矩阵，又称为市场增长率、相对市场份额矩阵、四象限分析法、产品系列结构分析法等。BCG发展矩阵是由美国大型商业咨询公司——波士顿咨询集团（Boston Consulting Group）首创的一种规划企业产品组合的方法。其中，问题的关键在于要解决如何使企业的产品品种及其结构适合市场需求的变化，只有这样，企业的生产才有意义。同时，如何将企业有限的资源有效地分配到合理的产品结构中去，以保证企业收益，是企业在激烈竞争中能否取胜的关键。

在公共组织战略管理中需要对BCG矩阵图进行适当的调整，以能力建设为重点，引入“存量性的现有能力”“增量性的发展速度”来进行分析。该模型的意义在于，以能力建设为视角通过对“存量性的现有能力”“增量性的发展速度”两个维度的考察，更加贴切地描述公共组织现实状态和未来可能，勾画出公共组织现状所反映的类型特征，并据此选择和制定战略方案。

1. 猛虎型

猛虎型公共组织具有强现有能力和强发展速度，在公共组织间的竞争中如同猛虎一样，发展有力有势。

2. 肥驼型

肥驼型公共组织具有强现有能力和弱发展速度。尽管此类公共组织由于历史传统的原因具有较强的基础性能力，例如较强的资源筹集能力，但面向未来的发展能力较弱，如同肥驼一样，有基础但行动缓慢，目前发展情况较好主要出于原有储备和基础较好。

3. 猎豹型

猎豹型公共组织具有弱现有能力和强发展速度。例如，一些公共组织由于体制性限制造成制度建设、法人治理、资源筹集等方面需要进一步加强和完善，但由于这些公共组织在组织与管理方面进行持续创新，因而发展速度较快，面向未来的发展能力较强，如同猎豹一样，成长空间较大。

4. 瘦猴型

瘦猴型公共组织表现为弱现有能力和弱发展速度。由于基础薄弱，缺乏发展潜力，这类公共组织往往是一种贫乏型或维持生存型公共组织，如同瘦猴一样，表现出“营养不良”“形象不佳”等问题。

（二）SWOT 分析法

SWOT 分析法又称态势分析法，它是一种企业战略分析方法。SWOT 分析法能够较为客观且准确地分析和研究一个组织的现实情况，即根据企业自身的既定内在条件进行分析，找出企业的优势、劣势、机会与威胁所在。其中，S 代表 strengths（优势），W 代表 weaknesses（劣势），O 代表 opportunities（机会），T 代表 threats（威胁），其中，S 和 W 属于内部因素，O 和 T 则为外部因素。

SWOT 分析通过综合考虑组织所面临的外部环境因素和内部资源因素，得出组织的优势、劣势及其所面临的机会和威胁后，将外部因素和内部因素相匹配得出战略行动备选方案。而其中，优劣势分析主要将注意力放在组织自身的实力及其与竞争对手的比较上，而机会和威胁分析则主要着眼于外部环境的变化或对组织自身的影响。

按照企业竞争战略的完整概念，“战略”应是一个企业“能够做的”（即组织的强项和弱项）和“可能做的”（即环境的机会和威胁）之间的有机组合。SWOT 分析法是建立在企业内部的资源能力和外部环境良好匹配的基础上的，因此，SWOT 分析法的核心就在于战略的“匹配”，即根据企业的优势、劣势、机会、威胁匹配设计出 SO 战略、WO 战略、ST 战略和 WT 战略，以此来获取独特的竞争优势，使企业在行业中取得有利的地位。

在公共组织战略管理中，通常可以通过编制 SWOT 矩阵图来进行 SWOT 分析。根据 SWOT 矩阵图，公共组织可以在四种组合战略中选择合适的战略。

1．优势—机会（SO）战略

SO 战略是一种将公共组织内部优势与外部环境机会相匹配，发挥内部优势和利用外部机会以达到公共组织目标的战略。从战略管理过程来看，任何一个组织及其管理者都希望充分利用自己的优势并避开自己的劣势，抓住外部环境所提供的机遇以求得发展。但是，要充分发挥自己的优势实际上与其他因素的控制和转化有关，因此，公共组织在实施这一战略时往往需要以其他战略（如 WO 战略、ST 战略或 WT 战略）的配合作为基础。

2．劣势—机会（WO）战略

WO 战略是一种利用外部机会来弥补内部劣势的战略。通常是在这种环境下使用，即组织存在外部机会，但内部却有明显劣势，可能会妨碍外部机会的实现。实际上，这意味着当外部环境中出现公共组织发展机会时，可以利用这一机会作为契机来进行公共组织内部更新。

3．优势—威胁（ST）战略

ST 战略是一种利用内部优势规避或减轻外部威胁的战略。当公共组织发展面临不利外部条件时，可以依靠和强化某些内部优势（如内部凝聚力、行业影响力、专业化服务能力等）规避或减轻外部条件变化所带来的威胁。

4．劣势—威胁（WT）战略

WT战略是一种在减少内部劣势的同时规避外部环境威胁的战略。与上述三种战略相比，这是一种防御型战略。当一个公共组织处于内部有许多弱点而外部又面临许多威胁的情况下，往往对外部机会的利用效率是很低的。

（三）标杆管理法

一般而言，所谓“标杆”是指可参照的预期要达到的目标及标准，是判断事物或者事情的依据和准则，也比喻作为学习的榜样。其中：“标”是在质量、数量和价值方面所期望获得的业绩标准；“杆”则是参照物。在现代管理学理论中，“标杆”渐渐衍生为衡量的“基准”或“参考点”，成为“优异典范”的代名词。

在管理学的语境下，标杆管理的实质是“主动学习”，即企业基于进一步发展的愿景，主动地选择最强的竞争企业或本行业中领先的和最有名望的企业作为“标杆企业”，以“标杆企业”在产品、服务或流程等方面的优异绩效和有效措施为基准，为自己树立学习和追赶的目标。也就是说，标杆管理中的“标杆企业”并不是政府或社会“评选”的结果，而是企业“主动学习”的选择。在此意义上，标杆管理与“学习型组织”建设有异曲同工之处。

因此，对实施标杆管理的企业而言，“标杆”的实施方法有两个层次的把握。第一个层次是整体性标杆，即：选择行业内公认的最优企业作为学习的“标杆”，通过实施标杆管理，实现自身全面的提升和超越。第二个层次是局部性标杆，即：围绕自身发展的重点目标，选择具有特定优势和特色的企业作为学习的“标杆”，通过实施标杆管理，实现在重点目标上的绩效改善。

随着标杆管理在理论上的不断完善和实践中的显著成效，其运用的范围从企业向其他组织扩展。进入21世纪后，国际上许多社会组织开始引入标杆管理理念，出现了一些被认为具有“标杆”意义的社会组织。同时，公共组织也开始引入标杆管理的理念和方法，分析和提炼标杆公共组织的共同特点。

1. 完备的合法性基础

标杆公共组织合法性的基础条件必不可少：一是法定代表人、活动资金、组织名称和办公条件等都符合法律规定，具有法人资格；二是具有严格的章程制定、修改程序和规定；三是严格按照规定变更登记和办理备案。

2. 完善的内部治理

标杆公共组织具有比较完善的内部治理结构、内部治理制度和内部治理机制。标杆公共组织内部治理结构强调民主和公正，会员大会、理事会、秘书长、监事会分别行使决策、执行和监督职能。以章程为核心的内部治理制度建设较为完善，包括民主选举制度、民主决策制度、运行管理制度、财务管理制度、诚信自律制度、信息公开制度、激励制度和监督制度等。运行机制科学规范，包括决策机制、人事机制、财务机制、激励机制、监督机制等内部治理机制等。

3. 高效的业务活动

标杆公共组织具有较强的组织能力和核心业务能力，依法自律，规范行为，在高效服务所在领域、区域和行业的过程中，得到服务对象、会员、社会及政府的认可。标杆公共组织在所在领域、区域和行业内具有广泛的引领力，在一定程度上体现和引领所在领域、区域和行业的发展方向。同时，标杆公共组织具有一定的国际影响力，通过参加所在领域和行业的国际组织并担任职务，履行有关国际义务。

4. 很高的社会评价

标杆公共组织具有鲜明的公共服务理念和强烈的公共责任追求，体现社会对公共服务的客观需求和时代特征，认可度高、有特色、影响力大。标杆公共组织与服务对象、会员、社会及政府等各方面积极合作，发挥影响力和引领力，在全社会形成强大的感召力，具有很高的社会评价。标杆公共组织不断强化社会合作功能，坚持以独立性、非营利性、民间性的特色提供专业性和志愿性服务，形成具有特点的公共组织文化，提炼基本价值观、行为标准和伦理守则。

当然，公共组织在引入标杆管理理论的过程中，要充分认识到与企业管理中运用标杆管理理论存在的差别。简而言之，企业标杆管理中对“标杆”的认定更多地依据可量化的经济指标，如产值、销售额、利润、税收、专利等指标的绝对数和相对数，因而更具直观性和可比性，更易获得业内普遍的认同。而在公共组织标杆管理中对“标杆”的认定，除了一部分可量化的定量指标外，还有许多定性指标来自相关人员的内心感受和主观倾向，由于存在利益关系和价值判断的影响，这些内心感受和主观倾向时有分歧，往往众说纷纭，较难形成直观性的普遍认同。

第三节　公共管理机构的形象战略

一、公共管理机构的组织形象及其分类

组织形象（又称为公众形象或公关形象）是指，一定的组织机构在社会公众心目中相对稳定的地位和整体印象，具体表现为社会公众对组织机构的全部看法、评价和一整套要求及标准。

在市场竞争中，企业的形象和信誉对其产品、服务的销售起着决定性作用。与此相类似，公共管理机构作为公共组织的重要组成部分，其组织形象在公共管理中有着重要的影响。

在公共管理中，组织形象主要指公共管理机构的公众形象。公共管理过程中的很多环节和内容是由公共管理人员具体实施和提供的，因此，公共管理人员的个人公众形象也有着重要的意义，是影响公共管理活动绩效的重要因素。

社会公众对公共管理机构和公共管理人员个人持什么样的评价和看法就会形成相应的公众舆论，直接影响着公共管理机构的行为和运转。

良好的舆论环境有利于促进公共管理活动的开展，反之则起阻碍作用。社会公众舆论对公共管理机构的支持或赞赏与否反映出该机构为社会所接受和拥护的程度。而社会公众的拥护程度对公共管理机构的生存和发展是至关重要的。正因为如此，公共管理机构必须高度重视社会公众舆论和自身的社会形象。

公共管理机构的组织形象是一个整体印象，可具体化为各种舆论。但舆论本身并不等于公众形象。因此，在理解公众形象时应注意以下几点。第一，组织形象必须是相对稳定的形象。组织形象一旦形成，就会存在和持续一定的时间，新的形象的建立和塑造要经历一个较长的过程。所以，社会公众一时的反应并不能代表公共管理机构的真正形象。第二，组织形象是整体性的。组织形象不是细枝末节、零碎的拼凑，也不是组织的某种具体形象如领导人、员工、服务质量等，而是包括了所有这些方面的整体或综合形象。应当把组织形象与具体的形象要素区别开来。第三，组织形象表现为社会公众舆论，但并不等于社会公众舆论。舆论是经常变动不定的，各种舆论中所包含的共同本质或趋向才构成组织形象。如果因某种原因社会公众舆论发生了变化（假如不利舆论产生），新的组织形象并不一定会立即形成。只有这种不利舆论一直持续下去，久而久之形成一种稳定的共同倾向，新的组织形象才会产生。

为什么公共管理机构会有相应的组织形象？这是由其自身的行为、政策及每一位公共管理人员的言行举止造成的。这种形象的产生和运行机制可描述为：公共管理机构或公共管理人员采取某项或某些政策和行为，从而对社会公众产生一定的影响，社会公众在接受和了解到这些影响后，会用自己既有的标准、要求和价值观去评判公共管理机构及公共管理人员的行为和政策，并通过评判产生一定的观点、意见和看法，导致社会公众舆论产生。一旦这种社会公众舆论稳定化、系统化和定型化，就形成公共管理机构相应的组织形象。而这种形象的好坏又会反过来影响公共管理机构的政策和行为。

公共管理机构的组织形象就是这样循环往复而不断发生变化的。由此可见，公共管理机构公众形象状况的原初动因，来自公共管理机构自身的行为和公共政策，即如何对待社会公众。一旦组织形象下降，说明公共管理机构与社会公众的关系失调，社会公众对公共管理机构不满意，这就要求公共管理机构对自身的态度、行为、政策进行合理调整。因此，组织形象实际上是公共管理机构与社会公众互惠互利、互相选择和互相适应的结果，是双方利益结合与和谐程度的指示器。

组织形象可划分为不同的类型，在实际的公共管理活动中可以针对某种具体形象进行一些传播沟通工作。公共管理机构应有明确的形象意识。从公众形象的性质来看，公共管理机构的组织形象可分为自我期待形象和社会实际形象两种。所谓自我期待形象，指的是公共管理机构期望在社会公众心目中具有的对自身的全部看法、评价和标准。它又包括两种：一是理想形象，即公共管理机构对自身形象所作的较为长远的规划和设计，是公共管理目标的一个方面；二是目标形象，即公共管理机构希望通过某项或一系列公共管理活动的开展所达到的形象状态。公共管理机构在公共管理中应拟定这两种期待形象目标，也可称之为公共管理机构的公共关系目标。所谓社会实际形象，指的是社会公众及社会舆论对公共管理机构的真实看法和评价。它是通过公共管理人员的努力而达到的实际效果，是一种形象现实。也就是说，自我期待形象仅仅是一种期望值，起着明确努力方向的作用，而社会实际形象却是真实的形象状态。实际形象可能与期待形象发生矛盾，有时高于期待形象，有时低于期待形象。而当前的实际社会形象又是制定新的自我期待形象的重要根据。

由于实际的组织形象具体表现为社会公众评价，所以又可以根据评价的不同主体而区分出不同的形象类型，如总体形象、主观形象、有效形象和特殊形象等。

（1）总体形象指的是所有社会公众对公共管理机构的全部看法、评价和态度的总体趋势，即舆论主流，所以又称为综合形象。这最为公共管理机构所关心，因为它反映出公共管理机构组织形象的主要倾向。由于公共管理机构涉及许多利益关系平衡的问题，而绝对平衡又是不可能的，所以，通常公共管理机构要首先关注总体形象，即实现主要的利益关系平衡，使绝大多数公众满意。

（2）主观形象指的是公共管理机构所坚信的社会公众对自己的看法、评价和态度。它不是期待形象，而是对自己真实形象的主观估计和评估。由于缺乏对社会公众舆论的真实而全面的知晓和了解，它往往同真正的实际形象有差距，带有一定的主观性，类似于“自我感觉”或“自我认识”。在公共管理活动中公共管理机构的主观形象是否符合实际，对公共管理目标的确定有着特殊的意义。

（3）有效形象指的是公共管理机构面临的主要社会公众对它的真实看法、评价和态度。在不同的时期，由于公共管理的目标和任务不同，所面对的主要社会公众也不相同。相对于该特定的公共管理目标来说，这些主要社会公众的评价最有实际意义，而其他如与公共管理目标不直接相关的社会公众，就不对公共管理产生重大的直接影响。因此，只有相关的主要社会公众所持的评价才是最有效的形象。

（4）特殊形象指的是特殊社会公众对组织的评价、看法和态度。所谓特殊社会公众，指的是那些与公共管理机构有特殊利益关系，对公共管理机构有特殊要求的社会公众，如社会的老弱病残者，就要求公共管理机构给予特殊考虑。在重大事故中，受难者及其家属也构成特殊的公众。一般而言，特殊社会公众的社会关注度较高，树立良好的特殊形象就会有着十分突出的意义。

由此可见，由于评价主体不同，形成了各种类型的组织形象。公共管理机构应根据不同的管理目标和任务，善于识别不同的社会公众，树立起相应的良好形象，从而有效地促进公共管理目标的实现。

二、公共管理机构组织形象的作用

在公共管理过程中，组织形象一般表现为公共管理机构作为整体的形象和公共管理人员作为个人的形象。实际上后者通常也是同公共管理机构整体形象联系在一起的。无论是机构的组织形象还是个人形象，在公共管理活动中有着重大的意义，具体表现在以下三点。

第一，良好的公共管理机构形象为公共管理创造良好的公共关系软环境。公共关系环境在很大程度上主要表现为社会公众的舆论及其变化情况，而舆论中比较稳定的内容就是公共管理机构的形象。这就表明，良好的形象实际上是公共关系环境状况的指示器和信号灯。提高和完善公共管理机构的组织形象也就是要创造良好的公共关系环境。

第二，良好的公共管理机构形象有利于充分调动公共管理人员齐心协力完成公共管理目标。形象好并能给员工创造良好工作条件的组织，人们都会趋之向往，这就为保留和吸引人才创造了有利条件。在现代社会里，社会成员要求在工作中得到尊重，能够有实现自我价值的机会。组织形象良好的公共管理机构里的员工会感到自豪和骄傲，会努力地为实现共同的公共管理目标而忘我工作。也就是说，组织形象成为公共管理机构内聚力高低的重要影响因素。

第三，良好的公共管理机构形象有利于得到各方社会公众对相应的公共管理项目的支持。公共管理涉及的是各种公共事务，需要各方社会公众的积极参与和支持才能变成现实。而社会公众的支持程度与公共服务接纳者对公共管理机构以及相应的项目和管理目标的评价是密切相关的。支持力的大小反映社会公众对公共管理机构的信任程度，而支持的原因却很大程度上来自社会公众对公共管理机构和人员及其行为、政策的评价。

社会公众对公共管理机构的态度主要是三种：一是持支持、合作、赞赏的态度，持此种态度的社会公众一般称为顺意公众；二是持反对、不合作甚至敌对的态度，持此种态度的社会公众是逆意公众；三是持中间态度不表态或态度不明朗，持此种态度的社会公众称为独立公众或中间公众。一般来说，只有顺意公众才对公共管理机构和相应的管理行为起支持作用，但也不否认某些独立公众甚至逆意公众也会在特殊情况下对公共管理机构的生存、发展起到有利影响。凡是产生支持力的社会公众都属于公共管理机构的支持性公众或称为有利公众。

社会公众的支持源于公共管理机构的形象，当然有时候也可能有其他因素起作用。支持力的大小主要反映在两个方面。第一，支持率。所谓支持率，也就是在具体公共项目中产生支持作用的社会公众在总的相关社会公众总量中所占的比例。支持性社会公众越多，支持力就越强。第二，支持强度。在有利公众中核心公众、意见领袖所产生的支持作用实际上要大于其他社会公众。并且同样是支持、合作态度，但是却有支持程度的差异，如"绝对赞同""赞同""倾向于赞同""勉强赞同"等。这些强度因素对支持力大小有着重要的影响。例如，有些公共项目只要取得有关意见领袖和核心公众的支持，就会十分容易完成。这就要求公共管理人员要善于去识别哪些社会公众是有利的，哪些社会公众是不利的，以及不同社会公众的有利程度。在必要时，还要采取一些手段去争取改变社会公众的态度。

总而言之，良好的公共管理机构和公共管理人员的形象对于维系公共管理机构的生存和发展、实现具体的公共管理目标都是至关重要的。

三、公共管理的公共关系环境

公共管理的公共关系是指，公共管理机构在遵循一般公共关系原理的基础上，为了更好地管理公共事务而运用传播手段与社会公众建立相互了解、相互适应的持久关系，以利于在社会公众中塑造良好的形象，争取社会公众的理解和支持。

公共管理过程中涉及的环境包括两方面内容：一方面是公共管理的外部环境，如生态环境、文化环境、政治经济环境等。也就是说，这些环境因素对于具体的公共管理活动来说是现实的条件，而不是公共管理的直接对象和结果。另一方面是公共管理的内部环境，如内部关系、社区成员的支持、公共管理机构之间的交流和支持等。这些内部环境统称为公共管理的公共关系环境，它们是直接内在于公共管理之中并可以纳入公共管理机构的活动内容，这些环境因素是公共管理机构创造和改变的结果，因而构成公共管理机构不可缺少的与各种社会公众间的关系环境（即“人和”条件）。公共关系在这里成为公共管理过程中的重要辅助性行为。

公共关系从产生之初就同公共管理有着不解之缘。在公共管理中有两种形式的公共关系存在，一种形式是公共管理机构聘请专门人员设立公共关系部，处理专门的公共关系事务，这是职业性的；另一种形式是整个公共管理机构有意识或无意识地开展与各种公众的公共关系，这是非职业的。公共关系在这里可看作是以公共管理机构的名义同任何公众包括立法机构、新闻媒介、内部员工和职能部门间的有意识沟通和协调活动。前一种职业性的专门活动似乎在缺少公共关系部的公共管理机构中不存在，但实际上并非如此，这些由公关人员做的事情实际上可能由其他人代做。而第二种公共关系形式更常见，例如，市长电视讲话，深入基层慰问等都是在进行公共关系工作。

公共关系主要是采用传播手段（即信息交流）去进行的。而公共管理中的信息传播对公共管理的运行有着重大的影响。政府必须经常地同公众进行信息交流，让公众了解政府的行为，并争取公众的支持和积极参与。政府要进行两个层次的公共关系环境的创造工作。一是潜在层次的公共关系。即维系、巩固和延伸政治影响，形成舆论氛围，为现在和将来的公共管理行为建立支持系统。二是行为层次的公共关系。前者更侧重于创造组织运行的环境，后者侧重于创造公共管理活动的现实环境。前者永久性地发挥作用，后者可能只在相应的公共管理行为中有意义。一般称为公共关系环境的公共关系活动主要是指潜在性的，目的是为公共管理机构整体运行创造良好的氛围。

在许多情况下，公共管理机构和公共管理人员需要采取一些有效的手段争取良好的潜在公共关系环境和现实的行为层次的公共关系环境。对于潜在层次的公共关系除了通过良好的组织形象和经常的传播交流之外，更要采取有效的手段和技巧。

对于行为层次的公共关系环境则主要依赖于相应的信息提供和合理

的说服。由于这种公共关系工作的目的是争取有关社会公众对具体的公共管理行为的支持、理解和合作，所以公共管理人员必须向社会公众讲清利弊，说明其与社会公众的利益关系，准确表明要求社会公众做什么，能做什么，为什么必须做等。同时，公共管理人员自身的形象也很重要。直接与社会公众联系和打交道的公共管理人员必须做到：第一，要对公众提出的问题和要求给予适当的反应；第二，要有明确的使命感和奉献精神，体现出良好服务的境界；第三，表现出激情以及对公共管理的忠诚和热爱；第四，注意信息的保密性和公开性。公共关系主要是一种信息过程，而提供信息必然会涉及信息的保密性和公开性问题。公共管理人员必须注意两者的明确界限，对一些保密性的消息应取得上级的同意后方可对外发布。

当然，潜在层次的公共关系环境和行为层次的公共关系环境之间又是相互联系在一起的。事实上，潜在的公共关系环境有利的程度往往对具体说服活动产生巨大的影响。潜在的公共关系环境主要以公共管理机构的公众形象（即组织形象）的形式表现出来，而社会公众形象是在长期的公共管理行为中形成的，是多次公共管理活动中行为层次的公共关系环境的不断积累和定型。

无论潜在的还是现实的公共关系环境都体现了公共管理机构与不同社会公众的关系状态。这些关系中主要的形式有以下几种。

第一，与社区的关系。社区是一个地域和社会概念，即公共管理主体所辖范围内的全部居民和单位的总称。公共管理总是针对具体社区的。但不同层次和性质的公共管理机构所涉及的社区范围又各不相同。公共管理机构与社区的公共关系往往通过自身的威信、公众的评价、具体项目获得公众的支持与合作的程度等体现出来。

第二，与新闻媒介的关系。新闻媒介作为相对独立的舆论制造者与监督者，在公共关系环境的改变方面有着异常特殊的作用。新闻媒介本身是有双重身份的，一方面他们是媒介，即公共关系的重要中介和通道，是创造、了解和把握公共关系环境的工具之一；另一方面，他们本身又是公共管理机构的主要公众之一，作为公众，又要与公共管理机构发生相互影响、相互作用的关系。由于媒介的这种特殊双重地位，要求公共管理者必须善于处理与媒介的关系，善于运用媒介来为自己的公共关系服务。

不同层次的公共管理人员所面临的公共关系环境的形成机制也会有差异。其中，高层管理者的公共关系环境往往直接依赖于新闻媒介才能形成和改变。因为高层管理者常常不是埋头于具体的事务，而是整体协调，所以他们并不经常直接地同各种公众打交道，为公众提供具体的服务。而他们又必须同公众进行交流，在这种情况下，他们就必须借助于新闻媒介，以便在广大公众面前树立起良好的自我形象。由此可见，高层公共管理者的公共关系环境主要是通过新闻媒介建立起来的，于是与新闻界的关系本身也就有了特殊的意义。

对于中低层公共管理人员来说，他们的直接任务是将公共项目变成现实，为公众提供直接的服务，所以他们的公共关系环境是通过与公众的直接相互作用甚至面对面的交流而形成的。在这种情况下，他们自身的行为具有更加重要的意义。但新闻媒介仍然不可缺少，不过可利用的机会相对少些。

第三，与政府间的关系。各政府之间的关系含横向和纵向的相互作用关系，对公共管理无疑有着重大的影响。有些公共管理项目如果没有良好的政府间关系就无法实施。如环境保护和公共交通等往往是跨社区的，如果政府间关系紧张，就根本不可能有效地组织起公共交通网络，防止环境污染，进行有效的污水处理等。社区间的交叉影响需要政府间互相合作性的公共安全，公共卫生、公共秩序管理，这就更加离不开政府与政府之间的合作。如果从属于同一个上级政府，政府间的合作往往是容易实现的，但如果彼此没有隶属关系，相互合作通常会显得困难。在这种情况下，公共管理机构必须有强烈的公共关系意识，善于协调与各种公共管理机构（包括政府机构）的关系，创造良好的政府间关系环境来促进公共管理目标的实现。

第四，公共管理机构内部部门与员工关系。公共管理机构自身是一个复杂的体系，由许多内部职能部门和分级机构组成，也离不开具体的员工（包括公共管理人员和一般员工）。这是一种纯粹的内部关系，也是最小、最直接的内部环境。显然，公共管理机构外求发展必须以内求团结为基础。只有当公共管理机构内部部门之间相互配合，公共管理人员之间相互合作，然后有效地调动所有社会公众和利益群体的支持，这样公共管理才能顺利进行，才能真正实现对各种公共事务的有效管理。

总而言之，公共关系环境取决于公共管理机构与不同社会公众的各种关系状态，是公共管理活动得以实现的重要因素。

四、公共危机处置的危机公关

公共危机是指，由于内部或外部不确定因素的变化，对公共利益造成一定威胁或损害的具有公共危害性的事件。具体来说就是，突然发生的对社会安全、公共利益、公民生命财产造成严重影响，需要有关部门（公共管理机构）及时采取有效措施进行处理和解决的、具有严重的公共威胁性、紧迫性、社会性和不确定性的危机事件。

由于公共危机具有“公共性”特征，会对整个社会造成十分重大的影响，因此，公共管理机构必须实施公共危机管理。因此，公共危机管理是政府和其他社会公共组织等危机管理主体，以公共危机为对象，通过监测、预警、预控防止公共危机发生；或者通过控制、应急处置、评估、恢复补偿等措施减少危机损失，避免危机扩大和升级，使社会恢复正常秩序的一整套管理体系与运作过程。

公共管理机构的管理能力与其组织形象尤其是公众形象之间有着密切的关系。在面临公共危机时，公共管理机构承担着处置管理的重要职责，因此，公共管理机构对公共危机管理的充分能力和有效结果是影响社会公众信任的重要因素，也是影响公共管理机构组织形象的重要因素。因此，在积极开展公共关系活动的同时，展示公共管理机构强大的危机管理能力和水平，是深层次提升社会公众信任的关键。

就公共危机的公共关系本质而言，它是一种信息的传播行为。因此，公共管理机构在公共危机事件中的公共关系，关键在于相关信息的有效传递，实现从信息不均衡到信息均衡的转变，以满足社会公众的知情权，安抚社会公众情绪。而与公共危机事件相关信息的有效传递应包含三个重要内容：一是公共危机自身变量信息与公共管理机构应急处置的变量信息；二是公共管理机构在危机处置中所展现的态度；三是公共管理机构在危机处置中体现出来的情感。

在公共危机事件处置中，公共管理机构开展公共关系活动具有重要作用：第一，有助于创造有利的舆论环境。公共危机事件发生后，需要公共管理机构积极处置和应对，一方面，社会的共识认为这是公共管理机构理所应当承担的职责，因而对公共管理机构抱有极大的期望；另一方面，社会公众又会对公共管理机构处置和应对公共危机的行为作出各自的评价，这些都会形成一定的社会舆论，给公共管理机构处置公共危机带来压力。通过有效的公共关系活动，在处置和应对公共危机的行为层面得到社会公众的理解和支持，形成有利的舆论环境，这就为公共管理机构处置和应对公共危机提供了良好的支持性基础。第二，有助于增强合法性的基础。公共管理机构的组织形象是社会公众态度的反映，在很大程度上决定着社会公众对公共管理机构政策及行为的理解、支持和认同。公共管理机构的公共危机事件处置，会影响社会公众的态度，因此，公共危机的公共关系活动要争取社会公众对于公共管理机构的实质性理解和认同，进而增强公共管理机构的合法性基础。第三，有助于实现社会公共利益。公共管理机构通过有效的公共关系活动，积极回应社会公众的关切和呼声，形成公共管理机构与社会公众的良性互动，在有效处置和化解公共危机的同时，保证和实现了社会公共利益，这也是公共管理机构一切管理行为和活动的价值宗旨。

事实上，公共危机的公共关系活动要求信息的公开透明。这就要求：首先，要及时发布信息。在突发性公共危机事件发生后，社会公众在接受相关信息时有“先入为主”的特点。因此，公共管理机构向社会公众传递信息的速度是对公共危机反应速度的体现，表明公共管理机构的应急行为已经启动，这给社会公众一个重要的信号，即公共危机事态开始得到控制，这也向社会公众表明了公共管理机构积极应对危机的态度，可以达到稳定社会情绪、激发社会公众主动性的效果。其次，要坦诚面对问题。在公共危机发生后，公共管理机构要真诚坦率地面对社会公众，实事求是地说明危机的真实情况，承诺积极处置危机的态度并及时向社会公众通报危机处置进展情况，消除疑虑，稳定民心，赢得理解，获得支持。再次，要积极开展沟通。公共危机的公共关系是一个系统工程，涉及不同的公共管理机构及其他相关主体，这就需要开展纵向和横向多维度的协调沟通。在协调沟通中，要建立信息多方向传递、多主体分享的机制，使相关信息能够系统集成，统一指挥，分工合作，形成公共危机处置的整体合力。

第六章　公共财政管理

第一节　公共财政管理概述

为公共组织尤其是政府履行公共管理职能去筹集和供应资金的公共收支活动即是公共财政，它是公共管理活动得以进行并达成目标的资金保障和物质基础，而对公共收支活动进行有效的指挥决策、组织分工、领导协调和控制监督等管理的过程就是公共财政管理。因此，公共财政管理是公共管理中的一个极为特殊的领域，其重要性是不言而喻的。

一、公共财政的含义与特征

公共财政是建立在现代市场经济条件下的政府财政，是国家或政府为市场提供公共服务的分配活动或经济活动。具体来说，公共财政是政府以社会和经济管理者的身份从市场上取得收入，并将这些收入用于政府的公共活动支出，为社会提供公共产品或公共服务，满足社会公共需要，以保证国家安全、社会稳定、经济繁荣、民众安居乐业，进而实现经济与社会的协调发展。

公共财政是国家财政的一种具体存在形态，是与市场经济体制相适应的财政收支模式或财政运行模式，是市场经济国家通行的财政体制和财政制度。公共财政与其他财政模式相比较，具有如下基本特征。

（一）弥补市场失效

公共财政是与市场经济相适应的财政，它对政府财政活动范围的限定以弥补市场失效为准则，即政府财政只能活动于市场失效的领域内。市场失效主要有两种情况，一种是市场经济中存在某些不符合完全竞争条件、市场机制无法发挥有效配置资源作用的领域，如公共物品、外部性、自然垄断、信息失灵等；另一种是完全竞争市场运行结果本身的缺陷，如社会分配不公平、宏观经济不稳定等。公共财政活动要在充分尊重市场机制的前提下，在市场机制不能或无法很好起作用的领域发挥作用，同时有效地保护和影响市场。从这一点上看，公共财政和过去计划经济体制下我国财政活动广泛深入一般性市场竞争活动领域有着根本的不同。

（二）公共性

公共财政以满足社会公共需要为己任，这是其公共性的根本体现。而所谓社会公共需要是指社会作为一个整体或以整个社会为单位而提出的需要，因其具有非排他性和非竞争性的性质，而与一般的个人需要，或某些局部的社会群体需要相区别。公共财政把满足社会公共需要作为组织国家财政活动的主要目标和工作重心，以提供公共产品和服务为“以财行政”的基本方式，因此，凡不属于或不能纳入社会公共需要领域的事项，公共财政原则上就不去介入，凡属于或可以纳入社会公共需要领域的事项，公共财政就必须涉足。

不仅如此，从财政收入的来源上看，计划经济体制下的财政收入模式或财政收入来源，是以国有企业的利润上缴为主体的，涉及的社会面有限。而市场经济条件下的财政收入，则主要来源于社会经济生活中各市场主体、法人实体和城乡居民依法缴纳的各种税赋，从而使财政收入来源有了更大的广泛性和公共性，由此也决定了财政支出在安排上主要集中于社会公共需要方面，即所谓公共财政“取之于民，用之于民”。同时为实现此目的，公共财政的收支活动必须公开、透明，接受全体社会成员的监督和审查，以确保其符合公众的根本利益，而这更是公共财政公共性的进一步体现。

（三）非营利性

公共财政以满足社会公共需要和追求社会公共利益为宗旨，不能以盈利为目的，而是追求公益目标，一般不直接从事市场活动和追逐利润。这一方面是因为，营利性活动决定了其主体行为的个体性、本位性和短期性，没有哪一个营利性部门会完全站在社会整体利益和长期利益的角度从事经营活动。相反，逐利的动机驱使它们总是首先从自身的、眼前的利益出发。市场经济条件下，企业、个人家庭等经济主体追求自身的、短期的利益的行为可以是合理的，但必须求有一个组织能够站在长远的、全局的角度从事以促进社会整体利益为目的的公共活动。为了避免政府财政活动陷入“个体”“本位”和“短期”的状况，就必须保证公共财政的非营利性。另一方面，如果政府及其所掌控的公共财政追逐营利目标，它就有可能凭借其拥有的特殊政治权力凌驾于其他经济主体之上，就有可能运用自己的特权在具体的经济活动中影响公平竞争，直接干扰乃至破坏经济的正常运行，破坏正常的市场秩序，打乱市场与政府分工的基本规则；财政资金也会因用于谋取利润的项目而使公共需要领域投入不足。所以，公共财政必须坚持非营利性的原则。

(四) 法制性

公共财政的法制性是指政府的财政活动必须在法律、法规的约束和规范下进行，即要依法理财。在现代市场经济条件下，公共财政作为政府履行职能、行使事权的资金保障，其行为方式与活动范围也同政府行为一样是通过立法程序来规定，并通过相关的法律来加以明确界定的，法律的规定是政府财政活动的依据和界限。因此，公共财政的所有收支活动必须纳入法律规范的范畴。表现在公共财政收入方面，无论是开征税收、设立收费项目，还是发行公债，都必须根据法律规定按照一定的法律程序办事，由财政税务部门依法组织征收的收入必须全部纳入政府预算。表现在公共财政支出方面，各项公共财政支出都要严格按照国家预算法及其他财政法规规定的程序和方法进行科学安排，预算审批要公开透明，依法进行。

公共财政只有受到法律、法规的强制约束和规范，才能确保社会公众真正决定和支配政府的收入和支出，真正约束、规范和监督政府的财政活动，才能使其行为符合公众的根本利益。

二、公共财政的职能

在以市场为资源配置主体的经济社会中，只有在“市场失灵”的领域，政府部门的介入才是必要的，而政府的介入又是以政府的收支为基础的。政府的收支，就是政府的财政，即公共财政。为此从矫正和克服“市场失灵”现象出发，可将公共财政的基本职能归结为以下三个方面。

（一）资源配置职能

资源配置职能是指政府通过财政手段选择（决定）提供某种消费品（包括劳务），并为之提供资金的职责和功能。进一步讲就是公共财政为全社会提供公共物品和公共服务，并运用经济、法律等手段矫正外部效应和维护市场的有效竞争。

公共财政之所以要为全社会提供公共物品和服务，其原因在于公共物品或服务不同于私人物品或服务，它具有效用的不可分割性、消费的非竞争性和受益的非排他性等特点，它不能由私人部门通过市场提供。若不是如此，则容易发生“公地悲剧”和“免费搭车”现象。为此，公共财政的职能之一，就是要在个人之间以及眼前利益与长远利益之间合理配置资源，为保证全体社会成员的公共利益最大化有效地提供公共物品和服务，如国防、外交、公安司法、环境保护、宇宙空间探索、义务教育等。

公共财政之所以要矫正外部效应，其原因在于如果任由经济活动中的外部效应存在，将导致市场资源配置的低效率。所谓外部效应，是指某些个人或厂商的行为活动影响了他人或厂商，却没有为之承担应有的成本费用或没有获得应有的报酬。例如，生产某种化学产品会使环境污染，而清除污染的成本又不需要生产者承担；放养蜜蜂可以使果农增加收入，但放蜂者并不能得到由此增加的收入；等等。

对于外部效应如果不能予以及时纠正或消除，其结果将是资源配置的失效，从而使具有外部效应的物品或服务的供给不是过多，就是过少，不可能实现有效率的均衡。为此就必须由政府部门以包括财政手段在内的非市场方式加以解决。用于矫正外部效应的财政手段通常可以归为两类：为了纠正诸如环境污染这类负的外部效应，政府可以课征污染税，迫使污染者为之付出附加成本，调整生产决策，减少产出数量，从而减轻对环境的污染程度；而对因正的外部效应造成的生产不足，则实施鼓励生产的财政补贴等措施。

公共财政履行资源配置职能还表现在对不完全竞争的干预。不完全竞争是市场失灵的表现，主要是垄断以及规模报酬递增行业的存在而造成的。政府可以对垄断厂商发放财政补贴，从而要求其增加产量和降低价格；也可以接管这类企业，直接规定产品低价出售，或按市场原则规范公共定价，调整产业组织形成竞争格局；以及运用法律手段维护市场竞争的有效性。

（二）调节收入分配职能

调节收入分配职能是指政府为了实现收入公平分配的目标而对市场经济形成的收入分配格局予以调整的职责和功能。在市场经济条件下，由于各经济主体或个人所提供的生产要素不同，资源的稀缺程度不同，以及各种非竞争因素的干扰，各经济主体或个人获得的收入会出现较大的差距，甚至同生产要素及劳动投入也不对称，而收入的过分悬殊将危及社会的公平。既然在市场机制的框架内不能解决各个社会成员收入初次分配的公平问题，而客观上又要求社会有一种有助于实现公平目标的再分配机制，那么就只有通过政府的财政手段来完成收入再分配的任务。公共财政调节收入分配的职能主要是通过税收收入和转移性支出（如社会保障支出、救济支出、补贴）这一双向调节机制来实现的。通过财政的一收一支，把资金从高收入者手中征收上来，然后转移分配给那些低收入者，从而缩小各社会成员的收入差距，保证社会公平，实现社会的稳定发展。

（三）稳定经济职能

稳定经济职能是指政府具有运用财政政策等宏观调控手段，保证国民经济稳定增长的职责和功能。宏观经济稳定一般包括充分就业、物价稳定和国际收支平衡三个方面。经济稳定和经济发展的目标集中体现为社会总需求和社会总供给的平衡，而市场机制在实现宏观经济稳定增长方面却难如人愿，为此，政府必须担负起对宏观经济的管理职能，去充当协调总供求关系与维持力量平衡的砝码，发挥推进经济持续发展的推进器作用。政府根据宏观经济运行的不同状况，采取相应的财政政策措施，以维持总供求的大体平衡。当总需求大于总供给时，采用紧缩性财政政策，减少支出和增加税收，抑制总需求，防止通货膨胀；当总需求小于总供给时，采用扩张性财政政策，增加支出和减少税收，扩大总需求，防止经济衰退。

三、公共财政管理的含义、目标与内容

（一）公共财政管理的含义

所谓公共财政管理是一个技术性的概念（技术性是指做事情的方式）。公共财政管理考虑的是如何花钱做事，这也是公共组织管理的核心，公共财政管理是指处理公共资产与债务，并向公共官员提供有用的相关信息与观点，以使他们能够作出相应的决策。

全面理解公共财政管理的内涵需要把握好以下基本要义：

（1）公共财政管理的主体是公共部门（以政府部门为核心）；

（2）公共财政管理贯穿包括计划（预算）、资源取得、分配、监督等环节在内的全过程；

（3）公共财政管理是一项技术性的活动；

（4）公共财政管理技术是多元的，各学科、各领域发展起来的管理、分析技术都有可能在公共财政管理中得到应用；

（5）公共财政管理的目的是保证公共财政的基本职能得到最大限度履行。

（二）公共财政管理的目标

公共财政管理作为公共管理活动的重要组成内容，其总体目标是保证公共财政职能的全面履行。具体而言，公共财政管理应实现如下三大基本目标：

一是效率目标。即通过公共财政管理，有效地向公众提供一视同仁的服务，满足社会公共需要，实现政府支配资源的有效配置和市场效率损失最小化的有机结合，进而保证国民经济的稳定、持续、协调发展。

二是公平目标。即通过公共财政管理，有效地对国民收入、社会财富和社会福利进行再分配，进而缩小社会贫富差距，为社会贫困阶层提供基本的生活保障，实现社会的基本公平。

三是稳定目标。即通过公共财政管理，有效地保持社会总供求的基本平衡，实现充分就业、物价稳定及国际收支平衡，维持经济景气，避免经济大的波动。

（三）公共财政管理的主要内容

从公共财政活动总体运行的角度来看，公共财政管理主要包括四大部分：公共财政预算管理、公共财政收入管理、公共财政支出管理和政府审计管理。公共财政预算管理侧重于决定“做什么”，公共财政收入管理和公共财政支出管理决定“怎么做”，政府审计管理确定“做得怎样”。

在公共财政管理中，还有一个非常重要的领域，那就是公共部门会计。公共部门会计是为公共财政决策、控制、监督等过程提供信息的系统。公共部门会计与私人部门会计的最主要差别在于私人部门会计信息用于计算成本、收益及利润，而公共部门会计信息受非营利组织性质的约束，用于反映公共资金的流动（包括收入与支出）及其与预算拨款数的关系。有效的公共部门会计管理有助于监督政府拨款不被滥用，使公共资源能被合理使用。公共部门会计大约自 19 世纪末开始独立发展，至 20 世纪 70 年代形成了专门的会计准则，它已成为公共财政管理不可或缺的重要方面。

第二节 公共财政预算管理

一、公共财政预算的内涵

公共财政预算管理是公共财政管理的主要组成部分。在市场经济条件下，几乎全部政府收支活动都在公共财政预算的框架下进行，公共财政预算在公共财政中的这种特殊地位，决定了公共财政预算管理更具导向性与政策性。公共财政预算是一国政府根据其施政方针和社会公共需要编制的，经立法机关批准的国家年度财政收支计划。它一般包括公共财政收入预算和公共财政支出预算两部分。公共财政预算是政府财政活动计划的一种反映，是政府针对未来一定时期内的基本财政收支状况做出安排的预测和计划，是按照一定的标准将财政收入和财政支出有条理地、分门别类地列入特定的收支分类表格中，以清楚反映在未来一段时间内政府财政收支的状况。从这个意义上讲，公共财政预算也就是政府预算。公共财政预算的编制是政府对财政收支的计划安排，预算的执行是财政收支的筹措、分配和使用过程，而公共财政预算执行结果的总结就是公共财政决算。

公共财政预算作为调整财政收入和财政支出的重要控制工具，具体规定计划年度内国家财政收支指标及其平衡状况，反映政府活动的范围、程度、方向和政策，是政府有计划地集中和分配资金，调节社会经济生活的主要财政手段和财政机制，是财政管理的关键和中心内容，是政府会计管理的基础和处理其他财政问题的依据。同时，公共财政预算也是立法机关控制财政的手段。因为它作为国家的重要立法文件，必须由政府提交国家立法机关审批后方能生效和执行，这就使得政府的支出被置于公民、代议机关的监督和制约之下，从而形成对政府支出规模的有效控制。

公共财政预算的产生与立法机关对支出控制的要求密切相关。在英国等老牌资本主义国家中，立法机关经过与君主政体的长期较量最终控制了税收。在取得课税、修改税法和批准税收提案的权力之后，立法机关把注意力转向支出控制，结果立法机关要求每年提送预算报告，包括支出说明书和收入说明书，这可以看作现实预算的起源。在预算实行的早期阶段，它只是作为一种财政计划和管理过程，主要强调它的支付、会计核算和报告的功能。随着预算管理的经济意义被逐渐重视，其作为宏观经济稳定和增长的重要调节手段被逐步认识。同时，预算管理的核心也开始转向通过对公共资金的筹集和配置，来影响和保持经济的增长和效率的提高。

公共财政预算的组成与国家政权结构和行政区域的划分相联系。由于有中央政府和地方政府的划分，公共财政预算也相应由中央预算和地方预算组成。现在世界上大多数国家都实行多级预算，有一级政府即有一级财政收支活动的主体，也就是有一级预算。一级政府的总预算不仅包括本级财政收支和特别预算，也包括下级政府的总预算，从而形成完整的国家公共预算体系。

在我国，中央政府主要担负保证国家内政、外交、国防、援外、关系国计民生的重点建设和宏观经济调控，与此相适应，中央预算主要担负国家重点建设和文教建设、中央行政及国防等方面的资金需要，同时还要调剂地方预算的余缺，担负支援经济不发达地区特别是民族地区经济发展等方面的开支。中央预算成为国家履行其职责的基本财力保证，在政府预算中占主导地位。地方预算在政府预算中也占有重要地位，因为地方政府担负着国家在各地的政治、经济任务，地方预算必须有计划地为地方经济建设、文教建设、地方行政等提供资金。此外，支援农业的各项开支、民族地区建设也要由地方预算安排。

我国在预算管理体制上实行“统一领导，分级管理，权责结合”的原则，各级政府是预算管理的国家行政机关，各级政府的财政部门是预算管理的职能部门，各级政府的税务部门是作为征管预算收入主体的税收职能部门，审计部门是监督执行预算收支计划的职能部门，国家金库负责办理预算资金的收入和支出。政府各部门、实行预算管理的各单位有职责执行预算收支计划。

二、公共财政预算的分类

公共财政预算发展至今有多种类型，根据一定的划分标准，可以对预算作不同的分类。公共财政预算按照预算主体的层级不同，可分为中央预算和地方预算。

按照财政收支管理范围的不同，可分为总预算和单位预算。其中，总预算是各级政府的基本收支计划，由各级政府的本级预算和下级政府的预算组成；单位预算是各级政府的直属机关及所属行政事业单位的年度经费收支所汇编的预算，是各级总预算的基本构成单位。

按照预算作用时间的不同，可分为年度预算和中长期预算。年度预算是指预算有效期为1年的财政收支计划。中长期预算是指预算有效期在1年以上的财政收支计划。其中，1年以上10年以下的预算是中期预算；10年以上的预算是长期预算。中长期预算能有效地消除年度预算责任不清晰、不连贯的短期化现象，克服资源配置和使用中诸如寅吃卯粮、成本代际转移等行为，使政府受托责任更加完整、连贯和可持续。

按照预算编制形式的不同，可分为单式预算和复式预算；按照预算具体收支指标测算方法的不同，可分为基数预算和零基预算；此外还有以结果、目标为导向的绩效预算和规划—计划—预算；等等。这里从管理的角度着重介绍单式预算和复式预算、基数预算和零基预算，以及绩效预算。

（一）单式预算和复式预算

单式预算（又称单一预算）是指将政府的财政收入和支出汇编在一

个预算内，形成一个收支项目安排对照表，而不区分各项财政收支的经济性质的预算形式。多数国家在历史上曾使用过这种预算形式。在国家预算产生后的相当长一段时间内，世界上多数国家采用了这种形式。单式预算的优点是整体性强，便于统筹安排预算资金；结构简单，易于编制；便于立法机关在总收支方面进行控制和为社会公众所了解。其缺点是不同性质的收支之间无对应关系，不利于财政对收支进行分别管理；难以具体反映预算赤字或盈余的成因和性质。

复式预算是指预算年度内的全部财政收支，按收入来源和支出性质的不同，分别编成两个或两个以上的预算，从而形成两个或两个以上的收支对照表的预算形式。目前，复式预算被许多国家采用，但由于各个国家的经济体制等不同，各国复式预算的构成也不同。复式预算一般分为经常预算、资本预算和专项基金预算。经常预算主要反映税收收入、非税收收入和政府一般活动的经常费用支出；资本预算主要反映债务收入和政府公共投资支出；专项基金预算反映各种专项基金的筹集和使用情况。复式预算一方面能够较为具体明确地反映政府预算的平衡状况，特别是能够更清楚地反映预算赤字和盈余的状况，有利于进行财政资金的管理，有利于对预算的审查监督；另一方面也有利于分析预算收支对社会需求的影响。采用复式预算使得资本预算投资的伸缩性较大，有助于使预算成为促进经济发展的强有力杠杆，有利于提高就业水平。但由于复式预算打破了预算的整体面貌，以及结构上的复杂性，尤其是经常收支项目、资本收支项目难以准确划分等原因，增大了复式预算的编制难度，现实中往往不易将复式预算落到实处，发挥出其应有的作用。

自中华人民共和国成立至20世纪90年代初，与传统的统收统支的财政管理体制相适应，我国政府预算一直采用单式预算编制方法。随着我国市场经济体制的不断深化和政府职能的转变，原来的单式预算已不能适应时代的需要。因此，改革传统的预算编制方法，借鉴预算管理模式的国际经验，建立符合中国国情的复式预算制度就成为一种必然。为此，《国家预算管理条例》提出我国要采用复式预算编制方法，并通过《中华人民共和国预算法》（以下简称《预算法》）中得以落实，而且将复式预算分为经常性预算和建设性预算两部分。2014 年重新修订的《预算法》进一步将复式预算分为一般公共预算、政府性基金预算、国有资本经营预算、社会保险基金预算，并要求政府性基金预算、国有资本经营预算、社会保险基金预算应当与一般公共预算相衔接。

（二）基数预算和零基预算

基数预算也称增量预算，是指新的财政年度的财政收支计划指标在旧的财政年度实际收支数额的基础上，结合新的财政年度经济发展状况和收支供求的变化，加以调整而确定的预算。这种预算形式保证了预算的连续性，而且也易于操作。但是，它也保留和延续了原先指标确定的不合理性。

零基预算是指对每一年或每一项目预算收支的规模进行重新审查和安排，而不考虑基期年（即上一年）的实际支出水平，即以零为起点而编制的预算。这就是零基预算“从零开始”之意。但须指出的是，从零开始并不是一切重新开始，而是对已有的项目需要重新审定和安排，起点为零。新的财政年度收支计划指标的确定，只以新的财政年度经济发展的状况为依据，而不考虑旧的财政年度收支的数额。这样，政府可根据需要确定优先安排的项目，减轻政府为满足不断增加的财政支出而增税和扩大债务的压力。零基预算有助于摆脱原有预算基数和不合理既成事实的束缚，在预算分配的公正、公平、合理等方面具有明显的优点。我国和世界上许多国家一般以基数预算为主，零基预算通常只用于具体的收支项目。20 世纪 90 年代中后期以来，为使国家预算逐步做到科学、规范、公平、透明，强化预算的约束力，提高财政资金的配置效率和使用效益，我国政府开始大力提倡并推行零基预算，并在部分省市进行试点。后来财政部要求中央部门编制部门预算时采用零基预算的方法，随之各级地方政府也掀起了零基预算改革的热潮。

我国实行零基预算的基本思路和初步目标是：在编制年度预算时，对各项财政支出均不以上年预算为基数，一切从零开始，按正常经费和专项经费两部分重新核定。正常经费按人员定额核定，专项经费根据需要结合财力所能逐项核定，做到该保留的保留，应取消的取消，确需增加的予以增加。实施零基预算后要基本达到以下目标：一是使一些经费能彻底分开，提高预算分配的透明度；二是适应市场经济的要求，优化支出结构，改变财政资金有增无减的状况，将资金用于急需的项目，提高资金的使用效益；三是提高预算分配的科学性，解决各单位苦乐不均的问题；四是使预算管理逐步走向规范、细化，改变“一年预算，预算一年”的现状。

（三）绩效预算

绩效预算是一种以目标为导向、以项目成本为衡量、以业绩评估为核心的预算模式，是把财政资金的有效分配与公共部门绩效的提高紧密结合的预算系统。具体来说，绩效预算是政府将预算建立在公共部门可衡量的绩效基础上，进行预算决策，办多少事拨多少钱，根据成本与收益的比较，决定支出项目是否必要、项目所涉资金额度是否合理。绩效预算由绩、效、预算三个要素构成：“绩”是指预算支出所要达到的目标；“效”是指用具体指标评估完成目标的情况和取得的效果；“预算”是指为支出目标提供的拨款额。绩效预算关注的不仅是预算的执行过程，更是执行结果；不是公共部门的预算花费，而是公共部门花费了预算后，社会公众的需求是否得到满足、问题是否得到解决。

绩效预算的基本程序如下：第一，政府确定预算总额，以此决定预期要实现的公共管理目标。第二，对这些目标进行细化，分解为公共部门的绩效目标。第三，为实现各部门的绩效目标配置资源。第四，各部门分别报送绩效目标完成情况并由财政部门汇总。第五，议政部门与公众对绩效目标的实现情况进行评估。第六，根据评估结果调整下一年度的政府预算。

在实行绩效预算之前，长期以来，许多国家奉行的是一种投入导向型的政府预算模式，强调的是预算管理的资金分配功能，即政府支配了多少资金，投放到了哪些领域，哪些社会群体享用了财政资金，而不考虑或者不重视财政资金投入的实际效果和结果。绩效预算则与此不同，它把政府预算视为投入与产出的过程，并认为这一过程要以结果为导向；它把预算的产出和结果区分开来，把产出界定为投入的直接成果，把结果界定为这些产出所带来的社会后果；它要求政府的预算报告不仅要清楚地说明政府资金使用了多少，产出了什么，而且要说明取得了什么样的社会效果。

新绩效预算核心是主张政府预算必须与政府的中长期战略计划相结合，强调以政府职能的整体目标为导向，用绩效目标作为约束手段，以绩效责任换管理自由，在强调高层机构对支出总量进行控制的同时，将自由使用预算资金的权力赋予中、低层管理者，在预算制度中实现政策（目标和结果）与管理（产出和激励）的有机融合。新绩效预算的基本特征是：目标和总额上的集中控制；分权；对结果负责；预算透明和加强沟通。新绩效预算在有效地促进政府改革，以及有效地提高财政资金的使用效率、遏制浪费、实现财政收支平衡等方面的效果是相当明显的。

从20世纪90年代末开始，我国围绕建立和完善公共财政管理体制的改革目标，先后推行了部门预算、零基预算、国库集中收付、政府采购等一系列预算制度改革，在增强预算编制的合理性和提高预算资金分配的规范性方面取得了明显效果。但是公共财政管理体制中“重投入、轻产出”以及“重分配、轻管理”的做法并未得到根本改变，对财政支出的追踪问责机制缺失，财政资金使用不经济甚至浪费现象依然严重。解决这些问题的关键就是要在公共财政管理中引入绩效理念，由“重投入”转向“重效率”“重结果”，强化财政支出的绩效管理。为此，我国进一步提出“推行政府绩效管理和行政问责制度”“完善政府绩效评估制度”的原则要求，为我国开展预算绩效管理、加快预算制度改革指明了方向。与此同时，中央和地方各级政府及其财政部门先后出台大量的规范性文件，做出不少有益探索，为财政绩效评价体系的建立提供了制度依据。经过多年的理论研究和实践探索，政府明确提出当前推进预算绩效管理的条件已经具备，我国将逐步建立具有中国特色的预算绩效管理体系。《中华人民共和国预算法》以法律形式明确了公共财政预算收支中的绩效管理要求，这为我国预算体制由传统预算向绩效预算转型奠定了坚实的法理基础。

三、公共财政预算的原则

政府在选择预算形式，以及预算的编制和执行中，总要依据一定的原则以保证预算的规范性和效益性。目前在公共财政理论界影响较大，并为多数国家接受的预算原则可以归纳为以下五项。

（一）公开性原则

公共财政预算必须具有公开性，就是要求全部公共收支预算及其执行情况必须经过立法机关审议，而且必须采取一定形式向社会公布，让民众了解财政收支的情况，将其置于民众的监督之下，以体现“财政为民”的公共财政理念。

（二）完整性原则

公共财政预算必须具有完整性，就是要求政府要将依法取得的所有收入以及相应的支出作为一个有机整体纳入预算进行统一管理，对各项收入、支出预算的编制做到不重不漏，不得在预算之外保留其他收支项目。预算的完整性是建立规范化、法治化预算的前提和基础。只有完整的预算才能保证政府控制、调节各类财政性资金的流向和流量，完善财政的分配、调节与监督职能。预算的完整性也便于立法机关的审议批准和社会公众对政府活动的了解，便于监督政府预算的执行。

（三）统一性原则

公共财政预算必须具有统一性，就是要求预算收支按照统一的科目、程序来计算和编制。尽管各级政府都设有财政部门，也有相应的预算，但这些预算都是国家预算的组成部分，所有地方政府预算连同中央预算一起共同组成统一的国家预算。这就要求设立统一的预算科目，每个科目都要严格按统一的计算口径和程序填列。

（四）可靠性原则

公共财政预算必须具有可靠性，就是要求对预算收支数字指标必须进行正确的估算，力求真实准确，不能任意编造。预算中的各项收支要符合编制单位的实际情况，测算时要有真实可靠的依据，不能凭主观印象或人为提高开支标准编制预算。

（五）年度性原则

公共财政预算必须具有年度性，就是要求预算的编制和执行要有时间上的界定，即所谓预算年度。按年度编制预算，列出全年的公共收支，对年度内的公共收支进行比较。

预算年度，也称作财政年度，是编制和执行预算所应依据的法定时限，也就是预算收支起讫的有效期限，通常为 1 年。各国预算年度的起讫日期不尽相同，有的采用历年制预算年度，即从每年 1 月 1 日起至同年 12 月 31 日止；有的国家采用跨年制预算年度，即从某年某月某日起，至次年某年某月某日止，中间历经 12 个月，却跨越了两个日历年度。

一般来说，决定预算年度起讫日期的因素有两个：一个是每年公共收入的旺季；另一个是每年立法机关召开会议的日期。以公共收入缴纳数较多的时间为预算年度的开始日期，可以使预算年度开始时的公共收入较为充足，得以保证当时较多的资金需要；以立法机关召开会议的日期为预算的开始日期，可以使拟订的预算早日获得立法机关的通过，以便及时着手执行。

四、公共财政预算管理过程

预算管理过程或者说预算程序是周而复始的，大体是在每一个预算年度开始之前，由政府的预算编制机关编制当年度的预算草案，经立法机关审议批准，成为正式预算；预算年度开始，由政府行政机关负责执行预算，并由审计机关进行日常的监督；预算年度终了后，由预算执行机关就全年执行预算情况及其结果编制该年度的实际收支报告（决算），经审计机关审核后，由立法机关予以批准。为此，就整个公共财政预算程序来说，它可以分为三个阶段：预算的编制与审批、预算的执行、决算，这也就是通常所说的预算周期。

（一）预算的编制与审批

公共财政预算的编制是整个预算工作程序的开始，它包括拟订、审查、汇总和批准预算收入、预算支出指标体系数字的全过程，通常由政府的财政部门进行，公共财政预算的基本要求是当年预算收支平衡。

在我国，公共财政预算编制一般采取自下而上、自上而下、上下结合、逐级汇总的程序。首先，由中央各部门和地方各省（自治区、直辖市）根据国民经济发展战略和本部门、本地区的情况，提出预算建议数，自下而上上报财政部；中央各部门和地方各省（自治区、直辖市）根据下达的收支控制指标，结合本部门、本地区的实际，拟定本部门、本地区预算收支指标和财务指标，逐级下达。

其次，中央各部门所属企事业单位，根据上级下达的指标，自下而上地编制单位经费预算草案和国有企业财务收支计划草案，报经主管部门审查汇总，上报财政部；各省（自治区、直辖市）所属单位，根据省（自治区、直辖市）下达的指标，自下而上逐级汇编单位预算草案和总预算草案，报经省（自治区、直辖市）汇编，上报财政部。财政部对中央各部门报送的单位预算草案和各省（自治区、直辖市）报送的总预算草案进行审核，然后汇总编制成国家公共预算草案，上报国务院，由国务院提请全国人民代表大会审查批准后，正式成为国家公共预算；地方各级总预算由各级人民政府批准后，提请各级人民代表大会审批后，正式成为地方总预算。

（二）预算的执行

国家的年度公共财政预算经立法机关审批后，即作为一个法律文件而进入执行阶段。公共财政预算的执行是整个预算管理工作的中心环节，是把预算由计划变为现实的具体实施步骤，是预算年度内实现预算收支的过程。在我国，公共财政预算的具体执行部门是各级财政部门，参与预算执行的还有许多专职机关，如税务机关、海关、银行等，它们都是执行公共财政预算的主要收入机关和支出机关。

公共财政预算执行的主要任务如下所示。

1. 组织预算收入的执行

预算收入的来源可分为税收收入和非税收收入。根据有关规定分别由财政部门、税务部门、海关和国有资产管理部门等国家公共财政预算执行机关负责执行。任何单位和个人不得擅自决定减征、免征或缓征应征的预算收入，不得截留、占用或挪用应当上缴国库的资金。

2. 组织预算支出的执行

由财政部门、上级主管部门、银行和国家金库通过国家规定的办法向用款单位进行预算资金分配。同时，指导和督促各用款单位建立健全财务制度和会计核算体系，管好用好预算资金，节减开支，提高效率。

3. 组织预算收支的平衡

通过编制季度收支计划和预算调整控制公共预算执行，以保证预算收支的平衡。

4. 加强预算执行的监督

在整个公共财政预算的执行过程中应不断地进行监督检查，并进行阶段性评估。由各级审计机关依法对本级政府各部门、各单位和下级政府的预算执行情况，进行审计监督。

（三）决算

决算是指按照法定程序编制的、用以反映预算执行结果的会计报告。公共财政决算是公共财政预算执行的总结，是年度公共财政预算收支的最终结果，是国家经济活动在财政上的集中反映。公共财政预算执行情况如何，是否完成收支任务，收支是否平衡，只有通过决算才可准确反映出来。因此，公共财政决算体现国家各项事业发展的速度、规模和取得的成果，是研究和修订国家经济财政政策的基本依据，是系统整理和积累财政统计资料的主要来源。

公共财政决算由中央级决算和地方总决算组成。各省、自治区、直辖市的总决算汇总组成地方总决算。省（自治区、直辖市）级决算及其所属州、县（市）总决算汇总组成省、自治区、直辖市的总决算。中央级决算、省（自治区、直辖市）级决算和县（市）总决算，由同级主管部门汇总的行政事业单位决算、企业财务决算、基本建设财务决算和金库年报、税收年报等组成。在每一预算年度结束后，各级政府、各部门、各单位都要按国务院规定的时间和财政部的部署，编制决算草案。国务院财政部编制中央决算草案，报国务院审定后，由国务院提请全国人民代表大会常务委员会审查和批准。县级以上各级地方政府财政部门编制本级决算草案，报本级政府审定后，由本级政府提请本级人民代表大会常务委员会审查和批准。乡、镇政府编制决算草案，提请本级人民代表大会审查和批准。各级政府决算经批准后，财政部门应当向本级各部门批复决算。各级地方政府应当将批准的决算，报上一级政府备案。在这一过程中，各级审计部门有权对本级各部门和下一级政府的决算实行审计监督。

第三节　公共财政收支管理

一、公共财政收入管理

（一）公共财政收入的含义及其分类

公共财政收入也称公共收入或政府收入，是指以政府为代表的公共组织为了履行公共管理的职能，满足公共活动支出的需要，凭借公共权力，从企业、家庭、个人等社会目标人群中所获得的所有的货币收入的总和。公共财政收入的规模在很大程度上决定着公共财政支出的规模，从而决定着政府活动的范围，进而影响到一个国家的经济增长和社会发展。因此，各国政府都十分重视对公共财政收入的管理，科学设定财政收入的规模、结构，明确规定财政收入的范围、形式，建立规范的公共财政收入制度，促进公共财政分配的科学化和规范化，有效实现政府的各项管理职能。

就公共财政收入的分类而言，国际上比较著名的公共财政收入划分是由国际货币基金组织发布的《政府财政统计手册》中所做的分类。在这份手册中国际货币基金组织将政府收入划分为税收、社会缴款、赠予、其他收入四类。在我国，按照财政部公布的《政府收支分类改革方案》所做的分类，政府收入包括税收收入、社会保险基金收入、非税收入、贷款转贷回收本金收入、债务收入、转移性收入六类。这里着重探讨与人们日常生活联系非常密切的税收和非税收入两大类政府收入。

税收是政府为了履行其职能，凭借政治权力，按照法律预先规定的标准，强制、固定、无偿地获得财政收入的一种财政分配形式。非税收入是指政府通过合法程序获得的除税收以外的一切收入，主要包括政府收费、罚没收入、国有资产（资源）收益、其他收入等。非税收入作为财政收入的有机组成部分是税收收入不可或缺的补充形式。在现代市场经济条件下，税收和非税收入对于弥补市场缺陷、提供公共产品、调节经济运行等都具有重要作用。

（二）税收管理

1. 税收的特点

税收和其他公共财政收入形式相比具有强制性、无偿性和固定性三大特征。

强制性是指征税凭借国家政治权力，通过颁布法令实施，任何组织和个人不得违抗。

无偿性是指国家征税后，税款即为国家所有，既不需要偿还，也不需要对纳税人付出任何代价。

固定性是指征税前就以法律的形式规定了征税对象以及统一的征税比例或数额，并只能按额定的标准征收。这样既保证了公共财政收入的及时、稳定、可靠，又可以防止征税机关侵犯纳税人的合法权益。

正是基于税收的这些特性，税收成为现代国家最重要的公共财政收入形式，是当今世界各国公共财政收入的主要来源，约占公共财政收入的90%以上。

2. 税收管理的要素

（1）课税对象与税率

课税对象是指对什么东西或者什么行为征税，即征税的标的物，它是区分不同税种的一种标志。在市场经济中，货物、劳务、企业利润和个人所得等都可成为主要的征税对象。税率是应征税额与课税对象之间的数量关系或比例关系，是计算税额的尺度，也是衡量税负轻重与否的主要标志，主要包括比例税率、累进税率和定额税率三种形式。确定合理课税对象与税率是税收管理的基础工作，高税率不一定能够实现高税收，过高的税率会诱发逃漏税行为。

（2）税负转嫁与税收归宿

税负转嫁是指对一个纳税人征收的税全部或部分地转由他人负担的过程。税收归宿则是税负转嫁的终点。税负转嫁的基本形式是前转和后转，前转是纳税人以提高价格的形式把税收转嫁到商品或生产要素的购买者或最终消费者身上；后转是纳税人以压低价格、降低工资（或延长工时）的方式把税收转嫁到生产要素提供者身上。由于税负转嫁与税收归宿事实上决定了公共财政收入承担者分担的份额，因而成为税收管理不容忽视的环节。

（3）税收种类

依据课税对象的不同，税收收入主要来自流转税、所得税、财产税等。其中流转税指以商品或劳务的流转额为课税对象而征收的一种课税，其计税依据是商品销售额或者营业收入额，一般采用比例税率。它主要包括增值税、营业税、消费税和关税等。所得税是指以单位、个人的各项纯所得为课税对象的课税，有企业所得税和个人所得税两类，一般采取累进税率，多得多征、少得少征、不得不征，以体现公平税负的原则。由于收入弹性较高，因此所得税也是国家调节收入分配，维护社会公平的手段。财产税是对纳税人所拥有或属其支配的财产数量或价值额征收的税。开征这类税收除为国家取得财政收入外，对提高财产的利用效果、限制财产的不必要的占有量有一定作用。财产税在我国主要有契税、车辆购置税、车船税等。

3．税收管理的核心

税收管理的核心或者说税收管理所应遵循的基本原则，就是实现公平征税和税收效率。

（1）公平征税

公平征税是指国家征税应使各个纳税人的税负与其负担能力相适应，并使纳税人之间的负担水平保持平衡。公平征税包括横向公平和纵向公平两个方面。前者是指经济能力或纳税能力相同的人应当缴纳相同的税额，亦即应该以同等的课税标准对待经济条件相同的人；后者是指经济能力或者纳税能力不同的人应当缴纳不同的税额，亦即应以不同的课税标准对待经济条件不同的人。总之，公平征税的要义就是必须普遍征税、平等课征和量能课税。公平征税对于调节个人收入差别、抑制社会分配不公、增加财政收入起着至关重要的作用。

（2）税收效率

税收效率要求征税既有利于社会资源的有效配置和经济机制的有效运行，又能够提高税务行政的管理效率。税收效率包括税收的经济效率和税收的行政效率两方面的内容。

税收的经济效率体现为两方面的要求：一是尽量使税收保持中立性，让市场经济机制发挥有效配置资源的调节作用。国家税收不应伤害市场经济的调节作用，以避免影响或干扰纳税人的生产和投资决策、储蓄倾向以及消费选择。二是国家税收除了使纳税人因纳税而损失或牺牲这笔资金外，最好不要再导致其他经济损失或额外负担。税收效率原则除了消极地保持税收的中性化以外，还应当根据不同情况，通过运用税收对市场经济活动进行积极的干预，诱导资源合理配置，调节供给与需求，促进市场经济机制发挥其最大效率。特别是在我国，目前经济活动中的竞争机制尚不健全，资源配置没有处于最优配置状态的情况下，还需较多地运用税收杠杆来对资源配置、储蓄和资本形成进行调节，因此税收中性化只能在某种和特定范围内实行。为此，在选择税种、确定税基、制定税率的过程中要考虑如何避免造成大的经济效率损失，如何改善资源配置，以提高税收的经济效率。

税收的行政效率要求以最少的行政费用取得最多的税收收入。行政费用包括税务行政费用和纳税人奉行纳税的费用。前者主要指税务机关为设计税制、保证税法顺利实施和及时、正确、足额计征税款所发生的费用，包括人员经费以及办公场地、设备、用品、出差的费用等。后者是指纳税人遵从税法或税务机关的要求完成纳税事务所耗费的全部费用，包括纳税人完成纳税义务所花费的时间、精力和有关费用，用于税务咨询和税务代理等方面的支出，扣缴义务人支出的费用等。衡量税收的行政效率的两个指标是征税成本和纳税成本，征税成本和纳税成本越高，税收的行政效率越低，反之亦然。

（三）非税收入管理

1. 非税收入的含义及特点

非税收入即指政府的非税收入，是政府参与国民收入分配和再分配的一种形式，也是公共财政收入的重要组成部分。在我国，政府非税收入是指除税收以外，由各级政府、国家机关、事业单位、代行政府职能的社会团体及其他组织依法利用政府权力、政府信誉、国家资源、国有资产或提供特定公共服务、准公共服务取得并用于满足社会公共需要或准公共需要的财政资金。政府非税收入具体包括：行政事业性收费收入、政府性基金收入、专项收入、国有资源（资产）有偿使用收入、国有资本经营收入、罚没收入、彩票资金收入和其他收入。

对于政府非税收入概念的理解需把握以下几点：第一，非税收入的征收主体是各级政府、国家机关、事业单位、代行政府职能的社会团体及其他组织。第二，非税收入的征收目的是满足社会公共需要或准公共需要。第三，非税收入的征收依据是政府依法拥有的行政权力、国家资产（资源）所有权以及政府信誉。第四，非税收入的性质是作为税收的必要补充，同样是财政性资金。

对于政府非税收入而言，长期以来，我国一直使用的是“预算外资金”的概念。在《财政部关于加强政府非税收入管理的通知》的文件中，正式对财政收入作了税收和非税收入的划分，对非税收入这一概念作了明确的界定和完整说明。这种从“预算外资金”到“非税收入”的转变，标志着我国对建立公共财政体系，规范政府收入机制认识的深化，标志着我国将遵循预算完整性的原则对所有政府资金进行统一的财政管理。

非税收入与预算外资金既有区别又有联系。非税收入是按照收入形式对政府收入进行的分类；预算外资金则是对政府收入按照资金管理方式进行的分类。现在提非税收入概念，表明随着预算管理制度改革（部门预算和综合预算的实施）和政府收入机制的规范，可以逐渐淡化预算外资金概念。

与税收相比，非税收入具有一些不同的特征，具体表现如下。

（1）灵活性。主要体现在征收形式的多样性和征收时间、内容、标准的灵活性方面。政府非税收入既可以是按照受益原则采取行政收费的形式收取使用费和规费，又可以是为特定项目的临时筹集而收取的各种基金、附加费以及各种用于矫正外部性的罚没收入等。政府非税收入是为政府某一特定活动的需要，而在特定条件下出现的过渡性措施，各地方政府可以根据不同时期本地的实际情况制定不同的征收内容和标准。

（2）不稳定性。由于非税收入是对特定的行为和其他特定的管理对象实施征收，因此一旦被征收行为和对象消失或剧减（如排污费等），其征收行为也将随之发生变化。

（3）特定性。政府非税收入的使用往往与其收入来源联系在一起。例如，行政事业性收费经常应用于弥补政府提供特定公共服务的成本支出；国有资产与资源收益原则上应用于国有资产的运营和国有资源的开发等。

（4）有偿性。税收遵循的是普遍征收、普遍服务的原则，所以税收支付并不与获得的服务直接挂钩，且不单独针对某个个人。而非税收入的缴付却是有偿性的，即缴费人可以从政府的服务或特许行为中直接获益，体现谁缴费、谁获益的受益原则。

2. 非税收入的构成及征管方式

在我国，政府非税收入的构成如前所述，其中各项非税收入所指的具体含义如下。

（1）行政事业性收费收入，指在实施社会公共管理以及向公民、法人提供特定公共服务的过程中，按照成本补偿和非营利性原则向特定服务对象收取的费用。行政事业性收费项目庞杂，涵盖多个职能部门和事业单位。比如，教育部门收取的幼儿园的保教费、高等学校的学费、考试考务费等，公安部门的户籍管理证件费、居民身份证费、机动车号牌费等，民政部门的婚姻登记费、收养登记费、殡葬收费等，人力资源和社会保障部门的职业技能鉴定费、档案费、强制性培训费、劳动鉴定费等，国土资源部门的矿产资源补偿费、采矿登记费、土地登记费等，住房和城乡建设部门的房屋所有权登记费、城市污水处理费、临时占用绿地费等，交通部门的车辆通行费、高速公路道路事故清障费等。以上这些行政事业性收费从其性质上讲，既有使用费也有规费。

（2）政府性基金收入，指各级人民政府及其所属部门根据法律、行政法规和中共中央、国务院文件规定，为支持特定公共基础设施建设和公共事业发展，向公民、法人和其他组织无偿征收的具有专项用途的财政资金。例如，铁路建设基金、民航发展基金、旅游发展基金、农田水利建设基金、育林基金、残疾人就业保障金、教育费附加、城市公用事业附加、国有土地使用权出让收入等。

(3) 专项收入，指为了特定公共事业的发展、保护、治理而依法收取的用于专门用途的收入。例如，排污费收入、水资源费收入、教育费附加收入、矿产资源补偿费收入等。

(4) 国有资源（资产）有偿使用收入，指有偿转让国有资源（资产）使用费而取得的收入。例如，海域使用金收入、场地和矿区使用费收入、出租车经营权有偿出让和转让收入等。

(5) 国有资本经营收入，指经营、使用国有财产等取得的收入。它包括国有资本分享的企业税后利润，国有股股利、红利、股息，企业国有产权（股权）出售、拍卖、转让收益和依法由国有资本享有的其他收益。

(6) 罚没收入，指执法机关依法收缴的罚款（罚金）、没收款、赃款，没收物资、赃物的变价款收入，如交通罚没收入。

(7) 彩票资金收入，指彩票机构上缴财政部门的彩票公益金和发行费等资金，用于支持社会公益事业发展。

政府非税收入的征收主管机关是各级财政部门以及由财政部门委托的部门和单位。

非税收入上缴去向有两种形式：纳入预算管理（国库）和纳入财政专户管理（原来的预算外资金）。所谓财政专户，是指财政部门为了履行财政管理职能，在银行业金融机构开设用于管理核算特定资金的银行结算账户，这里的“特定资金”包括非税收入、社保基金、教育收费等。

国家将非税收入全部纳入预算管理，彻底取消了预算外资金。同时，根据非税收入的不同性质采取有区别的预算管理方式，将属于一般预算收入性质的行政事业性收费收入、罚没收入、国有资源（资产）有偿使用收入等纳入一般公共预算管理，与税收收入一起统筹安排使用；将具有以收定支、专款专用性质的政府性基金、彩票资金收入、专项收入等纳入政府性基金预算管理，用于支持特定基础设施建设和社会事业发展；将国有资本经营收入纳入国有资本经营预算管理，用于支持国有经济结构调整和国有企业改革发展等支出。

3. 非税收入管理的对策

多年来，随着我国经济的迅速发展和政府职能的不断调整扩展以及财权的逐步分割，非税收入增长较快，总体规模越来越大，已在政府尤其是地方政府的财政收入中占有较高的比重。非税收入已在政府财政收入中居于举足轻重的位置，在优化资源配置、加强宏观调控、发展社会公共事业和提高公共服务水平方面发挥了积极的作用。尽管如此，在非税收入增长和对其进行管理的过程中，仍存在一些亟待解决的突出问题。例如，非税收入规模偏大，与税收比例关系不尽合理；管理政出多门，征收项目繁多，乃至出现乱收费现象；收缴程序不规范，难以保证资金及时、足额入库；非税收入管理缺乏有效的监督和法规约束；等等。所以，进一步加强政府非税收入的规范管理，就成为各级财政部门行使管理职能的重要方面。为此，政府非税收入管理的基本对策如下。

（1）明确非税收入的范围，严格控制收费项目，保持其合理规模。非税收入，尤其是行政事业性收费收入的范围应以准公共产品或特定公共服务的供给为基准，非税收入只能在一定范围、一定期限内运用，做到总量控制、规模适度。如果政府非税收入规模过大、占比过高，会影响财政收入的质量，既不利于规范财政收入的征管秩序，也不利于地方经济的稳定增长和可持续发展。因此，各级政府及其有关部门要坚持依法依规组织收入，严格把好收费项目及标准的审批关，全面清理和整顿现有的行政事业性收费和政府性基金，取消不合法、不合理的收费项目，将不体现政府行为的收费转为经营服务性收费，将一些具有税收特征的收费、基金改为税收，规范收费基金征收行为，真正做到非税收入在总量和比例上合理增长。

（2）强化非税收入收缴流程，保证资金及时足额上缴国库，纳入财政预算。目前直接缴入国库的非税收入主要是税务部门代征的教育费附加等项目，而大部分非税收入的收缴流程为：执收单位开票，银行代收后，资金直缴或汇缴至财政专户，再由财政部门划缴国库。但何时划转、划转金额为多少由财政部门视当月或当年的预算收入完成情况来决定，这就容易导致财政专户的非税收入不能全部缴入国库，形成了事实上的大量沉淀资金。因此，要在制度上明确将纳入预算管理的非税收入缴库的时间，保证资金及时足额上缴国库，纳入财政预算。进一步的改革方向是推动构建“单位开票、银行代收、实时入库”的非税收入直缴入库模式，减少资金流转环节，防止延误、占压、挪用资金等现象。

（3）完善非税收入法律体系和监管机制。目前有关政府非税收入管理的规章制度大多是一些政府部门分散或联合发布的决定、办法和通知，法律级次较低，不易协调，实际贯彻执行难以得到充分的保障。因此，应将非税收入的收缴管理纳入法律治理框架，确立非税收入的基本原则、资金构成、法定形式、核算标准、征收管理、分配方法及监督和法律责任等，将非税收入全面纳入法治化轨道。

就非税收入的监督机制而言，应继续执行和完善非税收入政务公开和收费公示制度，定期向社会公布；建立和完善非税收入稽查、举报、违规处罚和责任追究等监督制度；整合非税收入资金的归集和使用，建立定期向人大报告的监督制度。

二、公共财政支出管理

（一）公共财政支出的概念和分类

1. 公共财政支出的概念

公共财政支出也称公共支出或政府支出，是指政府为履行职能而支出的一切费用的总和。公共财政支出与公共财政收入相对应，是公共财政分配的第二阶段，它是政府把筹集到的财政收入有计划地进行分配和使用，转化为政府履行公共管理职能所需要的商品和劳务或其他支出的过程。它具体体现在政府对其所掌握的公共财政资金的安排、供应、使用和管理的全过程，反映了公共财政资金的规模、结构、流向和用途。就其本质而言，公共支出反映了政府的政策选择，是政府职能行为的成本。公共财政支出的数额和范围反映着政府介入经济生活和社会生活的规模和深度，也反映着公共部门在经济和社会生活中的地位和作用。公共财政支出不仅是政府实现其职能的主要手段，还是国民经济发展重要的资金来源，以及实现社会公平的重要途径。

2. 公共财政支出的分类

公共财政支出总是由不同内容的支出构成，依据不同的标准，公共财政支出有不同的分类。这里主要介绍两种常见的分类以及我国的政府财政支出分类体系。

(1) 适用于编制政府预算的统计分类

国际通行的统计分类方法有财政支出功能分类和财政支出经济分类。财政支出功能分类是按照政府提供公共物品与服务所属的领域进行的分类，反映政府的职能活动，说明政府的钱到底被拿来做了什么事，如是用于发展经济了还是办教育了；财政支出经济分类是按照政府生产公共物品的成本投入进行分类，反映公共财政支出的经济性质和具体用途，说明政府的钱是怎样花出去的，如办教育的钱是发了工资，还是买了设备、盖了校舍。从某种意义上讲，财政支出经济分类是对政府支出活动更为明细的反映。利用这一分类体系下的统计数据，能够从微观层面清晰地追踪公共财政支出的去向和具体用途。公共财政支出的功能分类和经济分类体系，分别从不同侧面、不同角度反映了政府的支出活动，两种分类方法相互联系、相互补充，有利于全面反映公共财政支出活动。

公共财政支出按功能可分为十大类：一般公共服务、国防、公共秩序和安全、经济事务、环境保护、住房和社会服务设施、医疗保健、娱乐文化和宗教、教育、社会保护。其中，每一大类功能支出又按经济性质分为八大类，包括雇员补偿、商品与服务的使用、固定资产的消耗、利息、补贴、赠予、社会福利和其他支出。

(2) 以公共财政支出是否直接得到相应的商品和服务补偿为标准进行的分类

这种分类方法将公共财政支出区别为购买性支出和转移性支出。购买性支出也称为消耗性支出，是政府用财政收入购进并消耗商品和劳务过程中所产生的支出。具体包括政府购买进行日常政务活动所需的商品和劳务的支出，也包括用于进行国家投资所需的商品和劳务的支出，如政府的行政管理费支出、国防经费支出，教科文卫等各项公共事业的经费支出，基本建设的投资性支出等。这些支出项目的目的和用途虽然各异但都有一个共同点，即都是由财政付出资金，并获得了相应的商品和劳务作为补偿，进而履行政府的各项职能。通过购买性支出，政府如同其他经济主体一样，从事了等价交换的活动，并在实际中参与了社会资源的配置，从而影响着社会投资与消费的总量与构成。因此，购买性支出的方向、规模和结构，对社会生产、就业和总需求具有直接的重要影响。

转移性支出是指政府按照一定方式，将一部分财政资金无偿地、单方面转移给居民和其他受益者，主要包括政府用于补贴、债务利息、失业救济金、医疗保险、养老保险等方面的支出。这些支出的目的和用途各异但也有一个共同点，即政府财政付出了资金却无任何商品和劳务作为直接的补偿，不存在等价交换的问题。转移性支出只是资金使用权的转移，却可以造成购买力和社会财富在其他社会主体中的重新分配，因此，转移性支出对国民收入的公平分配具有重要影响。

可见利用购买性支出和转移性支出这一分类体系，可以从宏观上考察一国政府在多大程度上作为经济主体直接参与经济过程，其职能是偏好于资源配置，还是偏好于收入再分配。

（3）我国的政府财政支出分类体系

我国目前实行的政府财政支出分类体系是由财政部公布的《政府收支分类改革方案》确立的。依据我国国情并参照国际通行做法，现行的政府支出分类体系包括支出功能分类和支出经济分类两部分。支出功能分类主要反映政府活动的不同功能和政策目标；支出经济分类是对各项具体支出进行剖析和核算，主要反映政府支出的经济性质和具体用途。

（二）公共财政支出管理的策略

公共财政支出管理是对各项公共财政支出的安排使用进行规范和监督，从而确保公共财政支出的正确运用，为履行政府职能提供必要的财力保障。虽然公共财务支出管理涉及面很宽，但从公共财政支出管理本身来看，主要包括控制公共财政支出总量、优化公共财政支出结构、提高公共财政支出绩效三方面的内容。

1. 控制公共财政支出总量

近些年我国的经济实力和财政收入能力得到了较大的提高，但作为一个发展中的大国，财政支出总量面对庞大的社会公共需要仍显相对不足，甚至面临着巨额财政赤字和债务的困扰，因此对公共财政支出总量的控制就显得尤为重要。当然，控制支出总量并不是公共财政支出不增长，关键是确保公共财政支出的合理增长，避免支出总量的过度膨胀乃至出现财政危机。

控制公共财政支出总量的根本基点在于正确界定市场经济条件下公共财政支出的供给范围。按照市场经济的一般理论，政府的负责事项和活动范围主要是通过介入“市场失效”领域，运用财政分配手段，满足社会共同需要，而不属于社会共同需要的事务和领域则一般应由市场去调节和供给。由此出发，我国公共财政支出供给的范围需要结合经济改革的进程和财政职能转变的程度进行相应调整，有的支出需要强化，有的支出需要弱化，有的支出需要取消。首先，公共财政的基本职责是为国家机器的正常运转提供财力保障，但这纯属消费性的开支，必须进行严格控制。其次，随着市场经济的推进和经济的发展，需要着力强化那些代表社会共同利益和长远利益的社会公共性开支（如科技、教育、卫生、社会保障等），同时传统的“由国家包下来”的方式也需要改变，这些社会公共性开支在总体上应以财政供给为主渠道，同时要按照“谁受益、谁负担”的原则，适当开辟一些新的资金来源渠道。最后，在公共财政框架下，财政投资范围也必须进行相应调整，对于一般竞争性领域的投资，财政要逐步退出，以集中有限财力着力强化国民经济的关键领域和重要产业的投资。

在明确公共财政支出范围的基础上有效控制公共财政支出总量，就要借鉴国外先进的管理经验，进行一系列的管理制度创新，诸如采用部门预算、零基预算、国库集中收付制度、政府采购制度等，以提高公共预算的完整性、准确性和透明度，提高财政资金的使用效率，从根本上约束政府盲目扩张公共服务的行为，进而控制公共财政支出的总量水平。因部门预算和零基预算前面有所介绍，这里着重说一下国库集中收付制度和政府采购制度。

就国库集中收付制度而言，长期以来，我国实行以预算单位设立多重存款账户为基础的分级分散收付制度，财政收入项目由征收部门通过设立过渡存款账户收缴，收入退库比较随意；财政支出通过财政部门和用款单位各自开设的存款账户层层拨付，预算单位的大量预算外资金未纳入财政预算统一管理。这种做法的主要弊端是：因重复和分散设置账户，财政收支信息反馈迟缓，资金运行效率和使用效益低；财政监督弱化，截留、挤占、挪用财政资金等问题时有发生，甚至诱发腐败现象；难以实现规范的科学管理；等等。因此，改革原有国库分散收付制度，实行国库集中收付制度就势在必行。以财政部和中国人民银行联合上报并经国务院通过的《财政国库管理制度改革方案》为标志，这项改革开始实施。所谓国库集中收付制度，国际上称为国库单一账户制度，就是将政府所有财政性资金集中在国库指定的代理银行开设账户。同时，所有的财政收支均通过这一账户进行收缴和拨付。具体来说，就是通过国库单一账户体系对所有财政资金的运行进行管理，各单位不再设有银行账户；所有财政收入直接缴入国库，不再通过各个中间环节；各部门、各单位根据自身需要，在预算确定的范围内，决定购买何种商品和劳务，但付款过程由国库集中处理，所有财政支出由财政部门直接支付或授权预算单位支付到商品和劳务的供应者，确保财政资金运行的安全和高效。国库集中收付制度有利于降低政府筹资、分配和使用的成本，提高财政资金的使用效率；有利于实现对财政资金流向、流量的全面监控，强化预算约束，切实提高财政的宏观调控能力；是建立高效的预算执行机构、科学的信息管理系统和完善的监督检查机制的有力保障。

就政府采购制度而言，所谓政府采购是指各级政府为了开展日常政务活动的需要，将财政的购买性支出通过公开招标、公平竞争和财政部门直接向供货商付款的方式，从国内外市场上为财政开支单位购买商品和劳务的行为。其实质是将市场竞争机制和公共财政支出管理有机地结合在一起。它一方面使政府可以得到价廉物美的商品和服务，有效地节约财政资金；另一方面使财政管理从价值形态延伸到实物形态，从而改变过去财政支出一拨了之、管理粗放的状况，提高财政资金的使用效率。

2. 优化公共财政支出结构

公共财政支出结构是指公共财政支出总量中各类支出的组合以及各类支出占总支出的比重，其现状和变化反映了一国政府财政职能的侧重点及其变化趋势。

科学界定市场经济条件下政府与市场的关系以及由此决定的公共财政的供给范围，不仅是控制公共财政支出总量的基本点，也是调整和优化公共财政支出结构的标准。与此对照并结合现实国情及国民经济和社会发展的中长期目标，不难发现，我国的公共财政支出结构还存在许多不合理的地方，尤其是公共财政支出结构上的“越位”和“缺位”现象依然严重。

公共财政支出“越位”的主要表现：一是经济建设支出虽有所下降，但比例仍然偏高，一些地方政府还在用财政资金补贴或兴办竞争性企业。公共财政负担了本应由市场承担的支出，挤占了稀缺的公共资源，造成了经济建设对公共财政的过度依赖。二是由于机构臃肿、财政供养人员过多以及普遍存在的行政事业部门公用经费支出的浪费，行政事业管理经费支出增长过快、比重过大，加重了财政负担，在一定程度上制约了政府职能的正常履行。公共财政支出“缺位”的主要表现为教科文卫事业支出、社会保障支出以及农业支出虽然有一定增长，但仍然不能满足发展的需要，环境保护支出则明显不足等，这不但会使政府难以弥补市场失灵的缺陷，还会扰乱国民经济分配秩序，增加企业和民众的负担，从而削弱财政的宏观调控能力。

针对上述问题，调整和优化公共财政支出结构应从以下几方面着力：

第一，公共财政要逐步退出对竞争性领域的投资。由于我国仍处于经济体制转轨时期，公共财政支出可以先选择退出一般竞争性领域，然后逐步放开垄断行业如盐业、电力、交通、电信、能源基础设施以及市政公用事业等，渐次减少对这些垄断行业的扶持以促进其市场化。未来财政投资的重点应放在关系国家安全和国民经济命脉的重要行业和关键领域。

第二，对国有企业的亏损补贴制度进行改革。一些特殊行业（如属于社会公共公益事业的水、电、城市交通、环境保护等）的价格和收费仍需由国家进行管理，还有一部分国有企业承担着政府特殊的责任，由此产生的亏损仍应由财政给予补贴。其他大多数属于竞争领域的国有企业，其亏损补贴则应随着企业改革的推进逐步予以取消。

第三，采取综合治理措施，控制行政人员和经费的膨胀。上级管理部门对下级部门行政经费总量限额、行政人员编制及人均行政支出综合定额提出控制指标，进行动态考核，并采取奖罚措施。下决心推进行政改革，精简机构，这是减少财政供养人员和压缩行政经费的治本之策。

第四，进一步增加教科文卫、社会保障、环境保护等社会公共性开支的比重。社会公共性开支是代表社会共同利益和长远利益的支出，更是惠及民生的支出。这对于调节社会经济运行，推动经济社会稳定、协调发展起到了十分重要的作用。随着我国财力的增强，以及政府职能由生产建设向社会管理和公共服务的转变，社会公共性开支将成为公共财政支出结构的重心。

第五，加大对农业的投入。由于农业既是国民经济的基础产业，又是市场竞争中的弱势产业。因此，必须加大财政对那些风险大、投资经济效益低、对农业发展和农民利益起着保护性、开发性作用或有示范效应的项目的投入，如农村水利交通、农业科研和新技术推广、生态环境保护等，土地出让收益也要重点向农业土地开发、农田水利和农村基础设施建设倾斜。

3. 提高公共财政支出绩效

控制公共财政支出总量和优化公共财政支出结构使有限的财政资金在不同的公共领域或部门得到有效的配置，接下来要考虑的就是这些财政资金如何合理使用、发挥实际效用的问题，即提高公共财政支出绩效的问题。“绩”是指预算支出所要达到的目标；“效”是指用具体指标评估完成目标的情况和取得的效果。对于政府及其他公共部门来说，公共财政支出没有绩效或绩效低下，实际上等于浪费了公共资源，政府职能的履行也会受阻。因此，追求公共财政支出的最佳绩效，是公共财政支出管理的最终目的，也是检验其成效的重要标准。

提高公共财政支出绩效的基本措施就是建立公共财政支出绩效评价制度。所谓公共财政支出绩效评价是指财政部门和预算部门（单位）根据设定的绩效目标，运用科学、合理的绩效评价指标、评价标准和评价方法，对公共财政支出的经济性、效率性和效益性进行客观、公正的评价。而完整的公共财政支出绩效评价制度则包括绩效评价的主体、对象和内容，绩效目标，绩效评价指标、标准和方法，绩效评价的组织管理和工作程序，绩效报告，绩效评价结果及其应用等多项内容。

公共财政支出绩效评价制度建立和推行的意义在于：第一，绩效评价的目标与内容是公共财政支出职能的准确化、具体化；第二，绩效评价的计划、控制、考评、反馈过程是公共财政支出行为的规范化、科学化；第三，绩效评价的指标性设计是对公共资金使用管理的透明化、程序化，同时也便于公众了解和监督公共资金的使用情况及其有效性。

正是基于公共财政支出绩效评价的重要意义及其在公共财政支出管理中的基础性地位，财政部制定出台了《财政支出绩效评价管理暂行办法》，以规范各地不一的公共财政支出绩效评价行为，积极推进预算绩效管理，强化支出责任，提高财政资金的使用效益，体现政府公共服务目标，为我国公共财政支出绩效评价的科学化、规范化以及公共财政支出绩效的进一步提高奠定了坚实的基础。

参考文献

[1]王伟,黄晓艳,于淑娟.公共管理服务与金融经济发展研究[M].长春:吉林人民出版社,2022.

[2]袁迪嘉.大数据时代公共管理创新模式探索[M].北京:北京工业大学出版社,2022.

[3]苑英科,陈建国.公共管理专业导论[M].北京:中国水利水电出版社,2022.

[4]刘宁.现代公共管理理论与实践研究[M].西安:西北工业大学出版社,2022.

[5]赵景华.公共管理教学案例精选[M].北京:中国财政经济出版社,2022.

[6]赵京国.公共管理理论与实践探索[M].长春:吉林人民出版社,2021.

[7]薛喆,田代洪,侯日云.公共管理跨学科研究探索与展望[M].成都:四川大学出版社,2021.

[8]王涌.公共事业管理模式探讨[M].长春:吉林人民出版社,2021.

[9]韩承鹏.公共事业管理教程新编[M].上海:复旦大学出版社,2021.

[10]王高玲.公共事业管理专业导论第2版[M].南京:南京东南大学出版社,2021.

[11]墨玉.公共信息安全与风险管理[M].长春:吉林人民出版社,2021.

[12]宁宁.公共人力资源与政府绩效管理优化[M].长春:吉林人民出版社,2021.

[13]胡江伟.微博公共情绪传播及其管理研究[M].武汉:武汉大学出版社,2021.

[14]杜宝贵.公共管理经典理论概要[M].沈阳:东北大学出版社,2020.

[15]郭敏.公共管理理论与城市服务创新[M].长春:吉林出版集团股份有限公司,2020.
[16]翟磊.公共项目管理[M].天津:南开大学出版社,2020.
[17]张雅丽.公共管理理论与实践创新[M].北京:现代出版社,2020.
[18]潘长亮.公共管理理论与前沿问题研究[M].北京:九州出版社,2020.
[19]尹文嘉.公共管理实践:案例分析与思考[M].桂林:广西师范大学出版社,2020.
[20]李朝昕.基于新公共管理理论的高校管理模式发展研究[M].沈阳:辽海出版社,2020.
[21]刘永林.公共管理专业英语[M].北京:知识产权出版社,2019.
[22]汪燕,桑志强.公共管理概论与信息服务创新[M].北京:经济日报出版社,2019.
[23]朱能.既有大型公共建筑用能系统高效运营管理技术指南[M].天津:天津大学出版社,2019.
[24]魏艳.公共管理理论研究[M].哈尔滨:哈尔滨工程大学出版社,2019.
[25]竺乾威,朱春奎,李瑞昌.公共管理导论[M].北京:中国人民大学出版社,2019.
[26]杨书文.公共管理案例分析[M].北京:经济科学出版社,2019.
[27]马珂,谢小芹.公共管理案例解析[M].北京:社会科学文献出版社,2019.
[28]黄健荣.公共管理与政府决策研究[M].南京:南京大学出版社,2019.
[29]赵蜀蓉.公共管理专业英文教程[M].北京:科学出版社,2019.
[30]王琪.公共管理论丛[M].青岛:中国海洋大学出版社,2019.
[31]张莹,明鸣,郭瑜.多维视角下新公共管理探索[M].沈阳:辽海出版社,2019.

[32]常有余,曲畅竹,刘洋.政治学与公共管理探索[M].长春:吉林大学出版社,2019.
[33]高峻峰.财政学与公共管理实验教程[M].北京:高等教育出版社,2019.
[34]徐凌.公共管理能力与技巧[M].广州:中山大学出版社,2018.
[35]刘剑英,叶艳,姚晓鹭.计算机技术与公共图书馆管理[M].北京:九州出版社,2018.
[36]后小仙.公共预算管理实训教程[M].西安:西安电子科技大学出版社,2018.
[37]滕玉成,于萍.公共部门人力资源管理[M].上海:复旦大学出版社,2018.
[38]洪柳.创新创业教育视域下高校公共事业管理专业实践教学体系改革研究与探索[M].长春:吉林大学出版社,2018.